MÔJ OTEC VÁM TO DÁ V MOJOM MENE

Dr. Jaerock Lee

„Amen, amen, hovorím vám, keď budete Otca o niečo prosiť v mojom mene, dá vám to. Doteraz ste v mojom mene o nič neprosili. Proste teda a dostanete, aby vaša radosť bola úplná!" (Jn 16, 23 – 24)

MÔJ OTEC VÁM TO DÁ V MOJOM MENE
by Dr. Jaerock Lee

Vydavateľstvo Urim Books (Prezident: Johnny H. Kim)
73, Yeouidaebang-ro 22-gil, Dongjak-gu, Seoul, Korea
www.urimbooks.com

Všetky práva vyhradené. Táto kniha alebo jej časti nesmú byť reprodukované v žiadnej podobe, uložené vo vyhľadávacom systéme alebo prenášané v akejkoľvek forme alebo akýmikoľvek prostriedkami, elektronicky, mechanicky, fotokópiami, záznamom alebo inak bez predchádzajúceho písomného súhlasu vydavateľa.

Ak nie je uvedené inak, všetky citácie Svätého Písma sú prevzaté z Biblie, NEW AMERICAN STANDARD BIBLE, ®, Copyright © 1960, 1962, 1963, 1968, 1971, 1972, 1973, 1975, 1977, 1995 by The Lockman Foundation. Použité so súhlasom.

Copyright © 2009 by Dr. Jaerock Lee
ISBN: 979-11-263-0668-8 03230

Translation Copyright © 2009 by Dr. Esther K. Chung.
Použité so súhlasom.

V kórejskom jazyku vydané vydavateľstvom Urim Books v roku 1990

Prvé vydanie Február 2021

Editoval Dr. Geumsun Vin
Navrhol Editorial Bureau of Urim Books
Vytlačil Yewon Printing Company
Preložila © Ing. Lenka Tichá
Pre viac informácií kontaktujte urimbook@hotmail.com

Predslov o vydaní

"Amen, amen, hovorím vám, keď budete Otca o niečo prosiť v mojom mene, dá vám to" (Jn 16, 23).

Kresťanstvo je viera, v ktorej sa ľudia stretávajú so živým Bohom a zažívajú jeho dielo skrze Ježiša Krista.

Pretože Boh je všemohúci Boh, ktorý stvoril nebo a zem a riadi históriu vesmíru, rovnako ako život, smrť, prekliatie a požehnanie človeka, on odpovedá na modlitbu jeho detí a túži po tom, aby viedli požehnané životy, ktoré sú správne pre Božie deti.

Každý, kto je pravým Božím dieťaťom, nesie so sebou autoritu, na ktorú má ako Božie dieťa nárok. Touto autoritou by mal žiť život, v ktorom je možné všetko, nič by mu nemalo chýbať a tešiť sa z požehnania bez akéhokoľvek dôvodu na prechovávanie závisti alebo žiarlivosti voči ostatným. Vedením života pretekajúceho blahobytom, silou a úspechom, musí vzdať skrze jeho život slávu Bohu.

Aby sme sa mohli tešiť z takého požehnaného života, musíme dôkladne pochopiť zákon duchovnej ríše o Božích odpovediach a dostať všetko, o čo Boha v mene Ježiša Krista prosíme.

Toto dielo je zbierkou posolstiev, ktoré boli kázané v minulosti, napísané pre všetkých veriacich, najmä tých, ktorí bez akýchkoľvek pochybností veria vo všemohúceho Boha a túžia viesť život plný Božích odpovedí.

V mene Ježiša Krista sa modlím, aby táto práca Môj Otec vám to dá v mojom mene slúžila ako sprievodca, ktorý povedie všetkých čitateľov k tomu, aby si boli vedomí zákona duchovnej ríše o Božích odpovediach a umožní im dostať všetko, o čo budú v modlitbe prosiť!

Všetky vďaku a chválu vzdávam Bohu za to, že umožnil vydanie tejto knihy, ktorá nesie jeho vzácne Slovo a úprimne ďakujem všetkým tým, ktorí húževnato pracovali na jej vydaní.

Jaerock Lee

Obsah

MÔJ OTEC VÁM TO DÁ V MOJOM MENE

Predslov o vydaní

Kapitola 1
Spôsoby získania Božích odpovedí   1

Kapitola 2
Aj naďalej ho musíme prosiť   13

Kapitola 3
Duchovný zákon o Božích odpovediach   23

Kapitola 4
Zničiť múr hriechu   35

Kapitola 5
Budete žať, čo ste zasiali   47

Kapitola 6
Eliáš dostáva Božiu odpoveď v podobe ohňa   61

Kapitola 7
Ako splniť túžby nášho srdca   71

Kapitola 1

Spôsoby získania Božích odpovedí

Deti, nemilujme slovom ani rečou, ale skutkom, opravdivo. Podľa toho spoznáme, že sme z pravdy a upokojíme si pred ním srdce; lebo ak nás srdce obviňuje, Boh je väčší ako naše srdce a vie všetko. Milovaní, ak nás srdce neobviňuje, máme istotu v Bohu a o čokoľvek prosíme, dostaneme od neho, lebo zachovávame jeho prikázania a robíme, čo sa mu páči.

(1 Jn 18 – 22)

Jedným zo zdrojov veľkej radosti Božích detí je skutočnosť, že všemohúci Boh je živý, odpovedá na ich modlitby a vo všetkom pracuje pre ich dobro. Ľudia, ktorí v toto veria, horlivo sa modlia, a tak môžu dostať všetko, o čo Boha prosia a vzdať mu slávu pre upokojenie ich sŕdc.

1 Jn 5, 14 hovorí: *„A máme k nemu pevnú dôveru, že nás počuje, kedykoľvek o niečo prosíme podľa jeho vôle."* Verš nám pripomína, že keď prosíme podľa Božej vôle, máme právo dostať od neho čokoľvek. Bez ohľadu na to, aký zlý je rodič, keď ho syn prosí o chlieb, nedá mu kameň, a keď prosí o rybu, matka mu nedá hada. Čo by potom mohlo zabrániť Bohu dať jeho deťom dobré dary, keď ho o ne prosia?

Keď kanaánska žena prišla v Mt 15, 21 - 28 pred Ježiša, dostala nielen odpoveď na jej modlitbu, ale aj splnenie túžby jej srdca. Aj napriek tomu, že jej dcéra trpela ukrutným posadnutím démonom, žena prosila Ježiša o uzdravenie jej dcéry, pretože verila, že pre tých, ktorí veria, je možné všetko. Čo si myslíte, že Ježiš urobil pre túto pohanskú ženu, ktorá ho neodbytne prosila o uzdravenie jej dcéry? Ako nájdeme v Jn 16, 23: *„V ten deň sa ma nebudete na nič pýtať. Amen, amen, hovorím vám, keď budete Otca o niečo prosiť v mojom mene, dá vám to,"* keď Ježiš uvidel ženinu vieru, ihneď splnil jej prosbu. *„Žena, veľká je tvoja viera; nech sa ti stane, ako si želáš"* (M 15, 28).

Aká prekrásna a sladká je Božia odpoveď!

Ak veríme v živého Boha, ako jeho deti mu musíme vzdať

slávu tým, že dostaneme všetko, o čo ho budeme prosiť. Podľa verša, na ktorom je založená táto kapitola, poďme preskúmať spôsoby, ktorými je možné získať Božie odpovede.

1. Musíme veriť v Boha, ktorý nám prisľúbil, že nám odpovie

Prostredníctvom Biblie nám Boh sľúbil, že nám určite odpovie na naše modlitby a prosby. Preto, len keď nad týmto prisľúbením nepochybujeme, môžeme horlivo Boha prosiť a získať všetko, o čo prosíme.

Nm 23,19 hovorí: *„Boh nie je človek, aby klamal, nie je syn človeka, aby ľutoval. Povie azda a nespraví? Sľúbi a nesplní?"*

V Mt 7, 7 - 8 nám Boh sľubuje: *„Proste a dostanete, hľadajte a nájdete, klopte a otvorí sa vám. Veď každý, kto prosí, dostáva, kto hľadá, nachádza, a tomu, kto klope, sa otvorí."*

V Biblii je mnoho odkazov na Božie prisľúbenia, že nám odpovie, keď ho prosíme podľa jeho vôle. Tu je niekoľko príkladov:

„Preto vám hovorím: Všetko, o čo sa modlíte a prosíte, verte, že ste dostali a budete mať." (Mk 11, 24)

„Ak zostávate vo mne, a ak aj moje slová zostávajú vo vás, proste, čo len chcete, a stane sa vám." (Jn 15, 7)

„A urobím všetko, o čo budete prosiť v mojom mene, aby

Otec bol oslávený v Synovi." (Jn 14, 13)

„Keď budete ku mne volať, keď prídete a budete sa ku mne modliť, vypočujem vás. Budete ma hľadať a nájdete ma, lebo ma budete hľadať celým svojím srdcom." (Jer 29, 12 – 13)

„Vzývaj ma v deň súženia, ja ťa zachránim a ty mi vzdáš úctu." (Ž 50, 15)

Tento Boží sľub nájdeme v starom i v novom zákone. Aj keby tam bol len jeden biblický verš týkajúci sa tohto sľubu, mali by sme sa ho pevne držať a modliť sa za získanie jeho odpovedí. Avšak, pretože je tento sľub opakovaný v Biblii mnohokrát, musíme veriť, že Boh je skutočne živý a ten istý včera, dnes i naveky (Hebr 13, 8).

Navyše, Biblia nám hovorí o mnohých požehnaných mužoch a ženách, ktorí verili v Božie slovo, prosili ho a dostali jeho odpovede. Mali by sme nasledovať vieru a srdcia týchto ľudí a viesť naše vlastné životy tak, aby sme vždy dostali jeho odpovede.

Keď Ježiš povedal ochrnutému v Mk 2, 1 – 12: *„Tvoje hriechy sú odpustené. Hovorím ti, vstaň, vezmi si lôžko a choď domov!,"* ochrnutý vstal, vzal svoje lôžko a odišiel pred očami všetkých zhromaždených a všetci svedkovia boli ohromení a iba chválili Boha.

Stotník v Mt 8, 5 - 13 prišiel pred Ježiša kvôli jeho sluhovi, ktorý ležal doma ochrnutý, úprimne skľúčený a povedal mu: *"Povedz iba slovo a môj sluha ozdravie."* Vieme, že keď Ježiš povedal stotníkovi: *"Choď a nech sa ti stane tak, ako si uveril,"* stotníkov sluha v tú hodinu ozdravel.

Malomocný v Mk 1, 40 - 42 prišiel k Ježišovi a prosil ho na kolenách: „Ak chceš, môžeš ma očistiť." Ježiš sa nad malomocným zľutoval, vystrel ruku a dotkol sa ho: „Chcem, buď čistý." Jeho malomocenstvo ihneď zmizlo a bol očistený.

Boh dovoľuje všetkým ľuďom získať to, o čo ho v mene Ježiša Krista prosia. Boh túži, aby všetci ľudia uverili v neho, ktorý prisľúbil, že im odpovie na ich modlitby, bez ochabovania sa modlili s nemenným srdcom a stali sa jeho požehnanými deťmi.

2. Druhy modlitieb, na ktoré Boh neodpovie

Keď ľudia veria a modlia sa podľa Božej vôle, žijú podľa Jeho slova a umierajú rovnako ako zrno pšenice, Boh si všíma ich srdcia a obetavosť a odpovedá na ich modlitby. Ale existujú jedinci, ktorí ani napriek modlitbám nedokážu získať Božie odpovede. Čo by mohlo byť toho príčinou? V Biblii je veľa ľudí, ktorý nedokázali dostať jeho odpovede, aj keď sa modlili. Skúmaním dôvodov, prečo ľudia nedokážu dostať Božie odpovede sa musíme naučiť, ako môžeme jeho odpovede získať.

Po prvé, ak máme v srdci hriech a modlíme sa, Boh nám hovorí, že nám na modlitbu neodpovie. Ž 66,18 nám hovorí:

„Keby som bol mal v srdci zlý úmysel, Pán by ma nebol vypočul" a Iz 59, 1 - 2 nám pripomína: *„Pozri, ruka Pánova nie je taká krátka, aby nemohla zachraňovať, a jeho ucho nie je také nedoslýchavé, žeby nepočulo. Sú to vaše viny, čo sa stali prekážkou medzi vami a vaším Bohom a vaše hriechy zakryli jeho tvár pred vami, takže nepočuje."* Pretože nepriateľ diabol bráni našej modlitbe v dôsledku nášho hriechu, naša modlitba iba zostáva vo vzduchu a nedosiahne Boží trón.

Po druhé, ak sa modlíme uprostred sváru s našimi bratmi, Boh nám neodpovie. Pretože nám náš nebeský Otec neodpustí, ak ani my v srdci neodpustíme našim bratom (Mt 18, 35), naša modlitba nemôže dosiahnuť k Bohu ani získať jeho odpoveď.

Po tretie, ak sa modlíme, aby sme uspokojili naše túžby, Boh nám na modlitbu neodpovie. Ak sa nesnažíme o jeho slávu, ale namiesto toho sa modlíme v súlade s túžbami hriešnej prirodzenosti, a to, čo od neho dostávame, používame pre vlastné potešenie, Boh nám neodpovie (Jk 4, 2 -3). Napríklad, poslušnej a usilovnej dcére otec dá vreckové zakaždým, keď oň požiada. Ale neposlušnej dcére, ktorá sa veľmi nezaujíma o štúdium, otec nebude ochotný dať vreckové alebo sa bude obávať, že by ho mohla minúť so zlými motívmi. Z rovnakého dôvodu, ak by sme o niečo prosili so zlými motívmi a pre uspokojenie túžob hriešnej prirodzenosti, Boh nám neodpovie, pretože by sme tak mohli zísť na cestu, ktorá vedie do záhuby.

Po štvrté, nemali by sme sa modliť za modloslužobníkov ani za nich nariekať (Jer 11, 10 - 11). Boh nadovšetko nenávidí modly, a preto sa musíme modliť len za spásu ich duší. Akákoľvek iná modlitba, prosba za nich alebo v ich mene, zostane nezodpovedaná.

Po piate, Boh neodpovie na modlitbu, ktorá je plná pochybností, pretože odpovede od Pána môžeme získať len vtedy, keď veríme a nepochybujeme (Jk 1, 6 - 7). Som si istý, že mnohí z vás boli svedkami uzdravenia nevyliečiteľných chorôb a vyriešenia zdanlivo nevyriešiteľných problémov, keď ľudia prosili o pomoc Boha. Je to preto, lebo nám Boh povedal: *„Amen, hovorím vám, keby niekto prikázal tomuto vrchu: Zdvihni sa a zrúť sa do mora a nezapochyboval by v srdci, ale veril by, že čo vyslovil, sa stane, splní sa mu to"* (Mk 11, 23). Mali by ste vedieť, že modlitba naplnená pochybnosťami nemôže dostať odpoveď, a že iba modlitba v súlade s Božou vôľou prináša nepopierateľný pocit istoty.

Po šieste, ak nebudeme dodržiavať Božie prikázania, naša modlitba nedostane odpoveď. Keď nasledujeme Božie prikázania a robíme to, čo sa mu páči, Biblia nám hovorí, že môžeme mať dôveru v Boha a dostať od neho všetko, o čo prosíme (1 Jn 3, 21 - 22). Keďže nám Prís 8, 17 hovoria: *„Milujem tých, čo ma milujú. Tí, čo ma túžobne hľadajú, nachádzajú ma,"* modlitba ľudí, ktorí dodržiavajú Božie prikázania v láske k nemu (1 Jn 5, 3), iste dostane odpoveď.

Po siedme, bez siatia nemôžeme dostať Božie odpovede. Gal 6, 7 hovorí: *„Nemýľte sa! Boh sa nedá vysmievať, lebo čo človek rozsieva, bude aj žať."* A Kor 9, 6 nám hovorí: *„Je to tak: Kto skúpo seje, skúpo bude aj žať, kto však seje štedro, štedro bude aj žať,"* bez siatia nemožno žať. Ak človek seje modlitbu, jeho duši sa bude dariť; ak seje obete, dostane finančné požehnanie; a keď seje skutky, dostane požehnanie dobrého zdravia. Stručne povedané, musíte zasiať to, čo chceme žať a musíme siať tak, aby sme získali Božie odpovede.

Okrem vyššie uvedených podmienok, ak sa ľudia nemodlia v mene Ježiša Krista alebo sa nemodlia z hĺbky ich srdca, či len bľabotajú, ich modlitba nebude vyslyšaná. Svár medzi manželom a manželkou (1 Pt 3, 7) alebo neposlušnosť neprinesú Božie odpovede.

Musíme mať vždy na pamäti, že takéto podmienky vytvoria múr medzi Bohom a nami; On od nás odvráti jeho tvár a na našu modlitbu neodpovie. Preto musíme najprv hľadať Božie kráľovstvo a spravodlivosť, volať k nemu v modlitbe pre dosiahnutie túžieb nášho srdca a vytrvaním v pevnej viere až do konca vždy dostať jeho odpovede.

3. Tajomstvá získania odpovedí na našu modlitbu

V počiatočnej fáze života človeka v Kristovi je človek duchovne porovnateľný s dieťaťom a Boh ihneď odpovedá na jeho modlitbu. Pretože človek ešte nepozná celú pravdu, keď aspoň trochu koná podľa Božieho slova, Boh mu odpovedá, ako keby bol dieťaťom plačúcim za mliekom, a vedie ho na stretnutie s ním. Keď neustále počúva a chápe pravdu, vyrastie z fázy „batoľaťa," a do akej miery koná podľa pravdy, do tej miery mu Boh odpovie. Pokiaľ človek duchovne vyrástol z fázy „dieťaťa", ale aj naďalej pácha hriechy a nedokáže žiť podľa Slova, nemôže získať Božie odpovede; od tejto chvíle dostane Božie odpovede iba vtedy, keď dosiahne svätosť.

Preto, aby ľudia, ktorí nedostali od neho odpovede, odpovede získali, musia najprv konať pokánie, odvrátiť sa od ich ciest a viesť poslušné životy, v ktorých budú žiť podľa Božieho slova. Keď prebývajú v pravde po konaní pokánia roztrhnutím si sŕdc, Boh im dá úžasné požehnanie. Pretože Jób mal vieru len ako poznanie, ako prvé reptal proti Bohu, keď čelil skúškam a utrpeniu. Potom, čo sa Jób stretol s Bohom a všetko oľutoval roztrhnutím si srdca, odpustil svojim priateľom a žil podľa Božieho slova. A potom Boh požehnal Jóba dvakrát toľko, ako predtým (Jób 42, 5 - 10).

Jonáš sa ocitol uväznený v bruchu veľryby v dôsledku jeho neposlušnosti voči Božiemu slovu. Napriek tomu, keď sa modlil, konal pokánie a vo viere vzdával vďaky v modlitbe, Boh prikázal rybe, aby vyvrátila Jonáša na súš (Jon 2, 1 - 10).

Keď sa odvrátime od našich ciest, konáme pokánie, žijeme podľa Otcovej vôle, veríme v neho a voláme k nemu, nepriateľ diabol k vám príde z jedného smeru, ale utečie od vás siedmimi. Samozrejme, ochorenia, problémy s našimi deťmi a finančné problémy budú vyriešené. Prenasledujúci manžel sa zmení na dobrého a milujúceho manžela a pokojná rodina vyžarujúca Kristovu vôňu vzdá Bohu veľkú slávu.

Ak sme sa odvrátili od našich ciest, konali pokánie a dostali jeho odpovede na naše modlitby, musíme vzdať Bohu slávu svedectvom o našej radosti. Keď ho potešujeme a vzdávame mu slávu prostredníctvom nášho svedectva, Boh nielen prijíma slávu a raduje sa z nás, ale tiež sa nás bude horlivo pýtať: „Čo ti mám dať?"

Predpokladajme, že rodič dal synovi dar a syn žiadnym spôsobom neprejavil vďačnosť alebo radosť. Matka mu už nemusí chcieť dať nič iné. Avšak, ak syn ocenil dar a potešil matku, stane sa o to radostnejšou a bude túžiť dať synovi viac darov a primerane sa pripraví. Z rovnakého dôvodu, budeme dostávať od Boha o to viac, keď mu vzdáme slávu, pamätaním na to, že náš Boh Otec má zaľúbenie v odpovedaní na modlitby jeho detí a dáva o to viac dobrých darov tým, ktorí svedčia o jeho odpovediach.

Preto všetci prosme podľa Božej vôle, ukážme mu našu vieru a odhodlanie a získajme od neho to, o čo prosíme. Ukázať Bohu našu vieru a odhodlanie sa môže zdať z pohľadu človeka neľahkou úlohou. Ale iba ak odhodíme ťažké hriechy, ktoré stoja proti pravde, upriamime oči na večné nebo, získame odpovede na naše modlitby a nahromadíme si odmeny v nebeskom kráľovstve, bude náš život naplnený vďačnosťou a radosťou a bude skutočne plnohodnotným. Navyše, náš život bude o to požehnanejší, pretože skúšky a utrpenia nás budú obchádzať a pod Božím vedením a ochranou zažijeme skutočné pohodlie.

V mene Ježiša Krista sa modlím, aby každý z vás s vierou prosil o všetko, po čom túži, horlivo sa modlil, bojoval proti hriechu a dodržiaval jeho príkazy, aby ste tak mohli dostať všetko, o čo prosíte, potešovali Boha v každej situácii a vzdali mu veľkú slávu!

Kapitola 2

Aj naďalej ho musíme prosiť

Spomeniete si na zlé spôsoby svojho života a na svoje skutky, ktoré neboli dobré, a budete sa hnusiť sami sebe pre svoje previnenia a pre svoje ohavnosti. Nie kvôli vám konám - znie výrok Pána - to nech je vám známe. Hanbite sa a červenajte za svoje spôsoby života, dom Izraela! Takto vraví Pán: „V ten deň, keď vás očistím od všetkých previnení, osídlim mestá a nanovo vystavím, čo je zrúcané. Spustnutá krajina bude obrábaná miesto toho, že bývala púšťou pred očami okoloidúcich. Budú hovoriť: „Táto spustošená krajina je ako záhrada Eden - zrúcané, spustošené a zbúrané mestá sú opevnené a obývané." Národy, ktoré ostanú okolo vás, poznajú, že ja, Pán, som zbúrané vystaval a spustošené vysadil. Ja, Pán, som predpovedal a splním to." Takto vraví Pán: „Ešte v tomto sa dám uprosiť domu Izraela, aby som im to vyplnil: ľud pri nich rozmnožím ako ovce."

(Ez 36, 31 – 37)

Prostredníctvom šesťdesiatich šiestich kníh Biblie Boh, ktorý je ten istý včera, dnes i naveky (Hebr 13, 8), svedčí o tom, že je živý a koná. Všetkým tým, ktorí veria v jeho Slovo a konali podľa neho v starozákonných časoch, v novozákonnej dobe a dnes, Boh verne ponúka dôkazy jeho diel.

Boh Stvoriteľ všetkého vo vesmíre a vládca života, smrti, prekliatia a požehnania ľudstva, sľúbil, že nás „požehná" (Dt 28, 5 - 6), ak budeme veriť všetkým jeho Slovám v Biblii a zachovávať ich. Ak sme skutočne uverili v túto úžasnú a nádhernú skutočnosť, čo by nám mohlo chýbať, a čo by sa nám mohlo nedariť dostať? V Nm 23, 19 nájdeme: *„Boh nie je človek, aby klamal, nie je syn človeka, aby ľutoval. Povie azda a nespraví? Sľúbi a nesplní?"* Povie Boh a nespraví? Sľúbi a nesplní? Okrem toho, pretože nám Ježiš sľúbil v Jn 16, 23: *„Amen, amen, hovorím vám, keď budete Otca o niečo prosiť v mojom mene, dá vám to,"* Božie deti sú skutočne požehnané.

V dôsledku toho je len prirodzené, aby Božie deti viedli životy, v ktorých dostávajú všetko, o čo prosia a vzdávajú slávu ich nebeskému Otcovi. Prečo teda väčšina kresťanov nedokáže viesť také životy? Na základe verša, na ktorom je založená táto kapitola, poďme preskúmať, ako môžeme vždy dostať Božie odpovede.

1. Boh prehovoril a vykoná, ale my ho aj napriek tomu musíme prosiť

Izraeliti, ako Boží vyvolení, dostali hojné požehnanie. Dostali prísľub, že ak budú plne poslúchať a nasledovať Božie slovo, Boh ich vyvýši nad všetky národy zeme, postará sa o porážku ich nepriateľov, ktorí proti nim povstanú a požehná všetko, čoho sa dotkne ich ruka (Dt 28, 1, 7, 8). Také požehnanie prišlo na Izraelitov, keď zachovávali Božie slovo, ale keď konali zlo, neuposlúchli zákon a uctievali modly, v Božom hneve padli do zajatia a ich krajina bola zničená.

Vtedy Boh povedal Izraelitom, že ak budú konať pokánie a odvrátia sa od ich zlých ciest, spustnutá krajina bude obrábaná a on nanovo postaví to, čo je zrúcané. Navyše, Boh povedal: *„Ja, Pán, som predpovedal a splním to. Ešte v tomto sa dám uprosiť domu Izraela, aby som im to vyplnil."* (Ez 36, 36 - 37)

Prečo Boh sľúbiť Izraelitom, že im všetko splní, ale tiež im povedal, že ho musia „prosiť"?

Aj napriek tomu, že Boh vie, čo potrebujeme ešte predtým, ako ho o to prosíme (Mt 6, 8), tiež nám povedal: *„Proste a dostanete... Veď každý, kto prosí, dostáva... o čo skôr dá dobré dary váš nebeský Otec tým, čo ho prosia!"* (Mt 7, 7 - 11)

Okrem toho, ako nám Boh pripomína v celej Biblii, musíme k nemu volať a prosiť ho, aby sme dostali jeho odpovede (Jer 33, 3, Jn 14, 14), Božie deti, ktoré skutočne veria v jeho Slovo, musia aj naďalej Boha prosiť, aj keď už prehovoril a sľúbil, že splní.

Na jednej strane, keď Boh hovorí: „Vykonám to," ak budeme veriť a zachovávať jeho Slovo, dostaneme jeho odpovede. Na druhej strane, ak máme pochybnosti, skúšame Boha a nie sme vďační, ale namiesto toho sa sťažujeme v časoch skúšok a utrpenia - ak neuveríme v Božie prisľúbenie - nemôžeme dostať Božie odpovede. Aj keď Boh prisľúbil „vykonám to," tento sľub môže byť splnený iba vtedy, keď sa ho budeme pevne držať v modlitbe a skutkom. O človeku nemožno povedať, že má vieru, ak neprosí, ale iba vzhliada k sľubu a hovorí: „Keďže Boh povedal, že sa tak stane, stane sa tak." A zároveň nemôže dostať Božie odpovede, pretože tam nie je žiadny skutok.

2. Aby sme dostali Božie odpovede, musíme prosiť

Po prvé, musíte sa modliť, aby ste zničili múr, ktorý stojí medzi vami a Bohom.

Keď bol Daniel po páde Jeruzalema v babylonskom zajatí, našiel v Písme Jeremiášovo proroctvo a dozvedel sa, že Jeruzalem bude sedemdesiat rokov v troskách. Daniel sa tiež dozvedel, že počas týchto sedemdesiatich rokov bude Izrael slúžiť babylonskému kráľovi. Ale po skončení tohto sedemdesiatročného obdobia bude babylonský kráľ, jeho kráľovstvo a chaldejská krajina prekliate a postupne spustnú v dôsledku ich hriechov. Aj napriek tomu, že v tej dobe boli Izraeliti v babylonskom zajatí, Jeremiášovo proroctvo o tom, že sa o sedemdesiat rokov osamostatnia a vrátia do svojej vlasti, bolo pre Daniela okamžitým zdrojom radosti a úľavy.

Ale Daniel sa o túto radosť nepodelil s ostatnými Izraelitmi, hoci ľahko mohol. Namiesto toho, Daniel si dal sľub prosiť Boha modlitbou a prosbami, pôstom, vo vrecovine a popolom. A konal pokánie za seba a ostatných Izraelitov z ich hriechov, spáchaného zla, neprávostí a odvrátenia sa od Božích príkazov a zákonov (Dan 9, 3 - 19).

Boh zjavil skrze proroka Jeremiáša nie to, ako sa skončí izraelské zajatie v Babylone; len prorokoval koniec zajatia po siedmich desaťročiach. Ale pretože Daniel poznal zákon duchovnej ríše, bol si dobre vedomý toho, že najprv musel byť zničený múr, ktorý stál medzi Izraelom a Bohom, aby sa mohlo splniť Božie slovo. Týmto spôsobom Daniel prejavil jeho vieru skutkom. Keď sa Daniel postil a konal pokánie - za seba a zvyšok Izraelitov - za všetko zlo spáchané voči Bohu a následné prekliatie, Boh zničil ten múr, odpovedal Danielovi, dal Izraelitom „sedemdesiat týždňov" a odhalil mu ďalšie tajomstvá.

Keď sa staneme Božími deťmi, ktoré prosia nášho Otca nasledovaním Slova, mali by sme si uvedomiť, že zničenie múru hriechu predchádza získaniu odpovedí na naše modlitby a urobiť zničenie tohto múru našou prioritou.

Po druhé, musíme sa modliť s vierou a v poslušnosti.

V Ex 3, 6 - 8 čítame o Božom sľube ľudu Izraela, ktorý bol v tom čase zotročovaný v Egypte, že ho vyvedie z Egypta do Kanaánu, krajiny, ktorá oplývala mliekom a medom. Kanaán je krajina, ktorú Boh sľúbil Izraelitom ako ich dedičstvo (Ex 6, 8). Prísahou sľúbil, že dá krajinu ich potomkom a prikázal im odísť (Ex 33, 1 - 3). Je to zasľúbená krajina, kde Boh prikázal Izraelu zničiť všetky modly a varoval ich pred uzatváraním zmluvy s ľuďmi, ktorí tam žili a ich bohmi, aby tak Izraeliti nevytvorili pascu medzi sebou a ich Bohom. To bol sľub od Boha, ktorý vždy splní to, čo sľúbi. Prečo teda neboli Izraeliti schopní vstúpiť do Kanaánu?

V ich nevere v Boha a jeho moc synovia Izraela reptali proti nemu (Nm 14, 1 - 3) a neposlúchli ho, a preto nemohli vstúpiť do Kanaánu, aj keď už stáli na prahu (Nm 14, 21 -23; Hebr 3, 18 - 19). Stručne povedané, aj keď Boh prisľúbil Izraelitom kanaánsku krajinu, prísľub bol zbytočný, pokiaľ mu neverili ani ho neposlúchali. Ak by mu skutočne uverili a poslúchali ho, prísľub by sa určite splnil. Nakoniec, len Jozue a Káleb, ktorí uverili v Božie slovo, mohli spolu s potomkami Izraelitov vstúpiť do Kanaánu (Joz 14, 6 - 12). Skrze históriu Izraela majme na pamäti to, že Božie odpovede môžeme dostať iba vtedy, keď ho prosíme s dôverou v jeho prísľub a v poslušnosti a jeho odpovede získame iba vtedy, keď ho prosíme s vierou.

Aj keď Mojžiš sám iste veril v Božie prisľúbenia o Kanaáne, pretože Izraeliti neverili v Božiu moc, ani on nesmel do zasľúbenej zeme vstúpiť. Božie dielo je niekedy odpoveďou na vieru jedného človeka, ale inokedy je odpoveďou iba vtedy, keď všetci zúčastnení majú vieru, ktorá postačuje na uskutočnenie jeho diela. Na vstup do Kanaánu Boh požadoval vieru všetkých Izraelitov, nielen Mojžišovu vieru. A keďže Boh nenašiel tento druh viery medzi ľuďmi Izraela, nedovolil im do Kanaánu vstúpiť. Majte na pamäti, že keď Boh nehľadá vieru jednotlivca, ale všetkých ľudí, ktorých sa daná vec týka, všetci ľudia sa musia modliť vo viere a v poslušnosti a stať sa jedným srdcom, aby mohli dostať Jeho odpovede.

Keď bola žena, ktorá 12 rokov trpela krvotokom, uzdravená dotykom Ježišovho plášťa, spýtal sa: „Kto sa dotkol môjho rúcha?" A nechal ju svedčiť o jej uzdravení pred všetkými zhromaždenými ľuďmi (Mk 5, 25 - 34).

Jednotlivec, ktorý svedčí o Božom diele zjavenom v jeho živote, pomáha ostatným zväčšovať ich vlastnú vieru a posilňuje ich premeniť sa na ľudí modlitby, ktorí prosia a dostávajú jeho odpovede. Pretože získanie Božích odpovedí vierou umožňuje neveriacim mať vieru a stretnúť živého Boha, je to skutočne nádherný spôsob, ako mu vzdať slávu.

Nech vierou v slová požehnania nájdené v Biblii a v poslušnosti k nim, pamätajúc na to, že musíme aj naďalej prosiť, aj keď nám už Boh prisľúbil: „Povedal som a stane sa tak," vždy dostaneme jeho odpovede, staneme sa jeho požehnanými deťmi a vzdáme mu slávu pre upokojenie našich sŕdc.

Kapitola 3

Duchovný zákon o Božích odpovediach

Potom vyšiel von a ako zvyčajne odobral sa na Olivový vrch, a učeníci ho nasledovali. Keď prišiel na miesto, povedal im: „Modlite sa, aby ste neupadli do pokušenia!" Sám sa od nich vzdialil asi natoľko, čo by kameňom dohodil, padol na kolená a modlil sa: „Otče, ak chceš, odvráť odo mňa tento kalich, no nech sa stane nie moja, ale tvoja vôľa!" Tu sa mu zjavil anjel z neba a posilňoval ho. V smrteľnej úzkosti sa modlil ešte vrúcnejšie a jeho pot stekal na zem ako kvapky krvi. Keď vstal od modlitby a prišiel k učeníkom, našiel ich spať unavených od zármutku. A povedal im: „Čo spíte? Vstaňte a modlite sa, aby ste neupadli do pokušenia!"

(Lk 22, 39 – 46)

Božie deti získavajú spásu a majú právo dostať od Boha všetko, o čo s vierou prosia. To je dôvod, prečo v Mt 21, 22 čítame: *"A dostanete všetko, o čo budete v modlitbe s vierou prosiť."*

Napriek tomu, mnoho ľudí sa čuduje, prečo po modlitbe nedostávajú Božie odpovede, pýtajú sa, či ich modlitba dosiahla až k Bohu alebo pochybujú, či Boh vôbec počul ich modlitbu.

Rovnako ako potrebujeme poznať správne zvyky a cesty na bezproblémový výlet do určitej destinácie, len vtedy, keď si uvedomíme vhodné metódy a cesty modlitby, môžeme získať jeho rýchle odpovede. Modlitba sama o sebe nezaručuje Božie odpovede; musíme sa naučiť zákon duchovnej ríše o jeho odpovediach a modliť sa v súlade s týmto zákonom.

Poďme preskúmať zákon duchovnej ríše o Božích odpovediach a jeho vzťah so siedmimi Božími duchmi.

1. Zákon duchovnej ríše o Božích odpovediach

Keďže modlitba je prosba všemohúceho Boha o to, po čom túžime, a čo potrebujeme, jeho odpovede môžeme dostať len vtedy, keď ho prosíme v súlade so zákonom duchovnej ríše. Žiadne množstvo ani stupeň ľudského úsilia vychádzajúce z myšlienok, metód, slávy a poznania človeka neprinesú Božie odpovede.

Pretože Boh je spravodlivý sudca (Ž 7, 11), počuje naše modlitby a odpovedá nám, za jeho odpovede od nás vyžaduje protislužbu určitej veľkosti. Božie odpovede na naše modlitby môžu byť prirovnané ku kupovaniu mäsa od mäsiara. Ak je mäsiar prirovnaný k Bohu, váhy, ktoré používa, môžu byť zariadením, s ktorým Boh meria na základe zákona duchovnej ríše, či človek môže dostať jeho odpovede alebo nie. Predpokladajme, že sme išli k mäsiarovi kúpiť 0,9 kg hovädzieho mäsa. Keď si od mäsiara vypýtame požadované množstvo mäsa, mäsiar mäso zváži a uvidí, či mäso, ktoré vybral, váži 0,9 kg alebo nie. Ak mäso na váhe váži 0,9 kg, mäsiar od nás dostane príslušnú sumu peňazí za 0,9 kg hovädzieho mäsa, mäso zabalí a dá nám ho.

Z rovnakého dôvodu, aj keď Boh odpovie na našu modlitbu, bez pochýb od nás dostáva niečo na oplátku, čo zaručuje jeho odpovede. To je zákon duchovnej ríše o Božích odpovediach.

Boh vypočúva naše modlitby, dostáva od nás niečo prislúchajúcej hodnoty, a potom nám odpovie. Ak človek ešte zatiaľ nedostal Božiu odpoveď na jeho modlitbu, je to preto, že doteraz nepredložil Bohu nič hodné jeho odpovede. Vzhľadom k tomu, že veľkosť protislužby potrebnej na získanie jeho odpovede sa líši v závislosti od podstaty modlitby človeka, kým nezíska druh viery, ktorou môže dostať Božie odpovede, musí pokračovať v modlitbe a nahromadiť si potrebné množstvo. Aj keď nevieme presne hodnotu toho, čo od nás Boh požaduje, on ju pozná. Preto, keď kladieme veľký dôraz na hlas Ducha Svätého, o niektoré veci musíme prosiť Boha pôstom, o niektoré veci večernou modlitbou, o iné modlitbou sĺz, a ešte o ďalšie obetou vďakyvzdania. Taký skutok nahromadí to, čo je potrebné pre získanie Božej odpovede, pretože nám on sám dáva takú vieru, ktorou môžeme veriť a žehná nás jeho odpoveďami.

Aj keď sa dvaja ľudia začnú modliť prosebnou modlitbou, jeden z nich dostane Božie odpovede ihneď po tom, ako sa začal modliť, zatiaľ čo druhý nedokáže dostať jeho odpovede ani potom, čo sa prosebnú modlitbu domodlil. Aké vysvetlenie môžeme nájsť v tejto nerovnosti?

Lebo Boh je múdry a pripravuje svoje plány vopred, ak prehlási, že človek má srdce, ktorým sa bude modliť až do konca prosebnej modlitby, ihneď odpovie na prosbu tohto človeka. Ale ak človek nedostane Božiu odpoveď na problém, ktorému čelí teraz, je to preto, že sa mu úplne nepodarilo dať Bohu niečo za jeho odpovede. Keď dáme sľub, že sa budeme modliť určité časové obdobie, mali by sme vedieť, že Boh viedol naše srdce tak, aby za jeho odpovede dostal vhodné množstvo modlitby. A preto, ak sa nám nepodarí nahromadiť toto potrebné množstvo, nepodarí sa nám získať Božie odpovede.

Napríklad, ak sa človek modlí za budúcu manželku, Boh hľadá pre neho vhodnú nevestu a všetko pripravuje tak, aby mohol vo všetkom pracovať pre dobro tohto človeka. To ale neznamená, že vhodná nevesta sa objaví pred jeho očami, aj keď ešte nedosiahol vek ženenia, len preto, že sa za to modlil. Boh odpovedá tým, ktorí veria, že už dostali jeho odpovede a v čase jeho výberu pred nimi odhalí jeho dielo. Avšak, keď modlitba človeka nie je v súlade s jeho vôľou, žiadne množstvo modlitieb nezaručí Božie odpovede. Ak ten istý človek hľadal a modlil sa za vonkajšie charakteristiky jeho budúcej nevesty, ako je vzdelanie, vzhľad, bohatstvo, sláva, a podobne - inými slovami, viedol modlitbu naplnenú chamtivosťou v rámci mysle človeka - Boh mu na to neodpovie.

Aj keď sa dvaja ľudia modlia k Bohu s presne rovnakým problémom, keďže stupeň ich svätosti a miera viery, ktorou môžu úplne veriť, sú odlišné, množstvo modlitby, ktoré Boh prijíma, je tiež iné (Zjv 5, 8). Jeden z nich môže dostať Božiu odpoveď do mesiaca, zatiaľ čo druhý za jediný deň.

Okrem toho, čím sú Božie odpovede na modlitbu človeka dôležitejšie, tým je potrebnejšie väčšie množstvo modlitby. Podľa zákona duchovnej ríše bude veľká nádoba skúšaná viac a vyjde ako zlato, zatiaľ čo malá nádoba bude skúšaná menej a Bohom len málo použitá. Preto nikdy nesmieme súdiť ostatných a hovoriť: „Pozrite sa na všetky jeho problémy, aj napriek jeho vernosti!" A nikdy v žiadnom prípade nesmieme sklamať Boha. Aj naši predkovia viery boli skúšaní, Mojžiš 40 rokov a Jakub 20 rokov, a vieme, akými vhodnými nádobami sa každý z nich v Božích očiach stal a po zotrvaní v ich skúškach boli použití pre veľké Božie účely. Predstavte si proces, ktorým je vytvorený a trénovaný národný futbalový tím. Ak sú schopnosti konkrétneho hráča hodné toho, aby bol na súpiske, až po určitom čase a mnohom úsilií investovanom do tréningu bude môcť reprezentovať jeho krajinu.

Či už je odpoveď, ktorú chceme od Boha, veľká alebo malá, musíme pohnúť jeho srdcom, aby sme dostali jeho odpovede. Pri modlitbe za čokoľvek, po čom túžime, Boh to príjme a odpovie nám, keď mu ponúkneme požadované množstvo modlitby, očistíme si srdce, aby medzi nami a Bohom nestál múr hriechu, a ako znamenie našej viery v neho mu vzdáme vďaky, radosť, obety, a podobne.

2. Vzťah medzi zákonom duchovnej ríše a siedmimi duchmi

Ako sme už preskúmali prostredníctvom príkladu mäsiara a jeho váhy vyššie, v súlade so zákonom duchovnej ríše Boh meria množstvo modlitby každého človeka bez jedinej chybičky a určuje, či daný človek nahromaždil dostatočné množstvo modlitby. Zatiaľ čo väčšina ľudí koná úsudky ohľadom konkrétneho objektu len na základe toho, čo je viditeľné ich očami, Boh vykonáva presný odhad siedmimi Božími duchmi (Zjv 5, 6). Inými slovami, keď je človek vyhlásený za kvalifikovaného siedmimi duchmi, dostáva na modlitbu Božiu odpoveď.

Čo meria sedem duchov?

Po prvé, sedem duchov meria vieru človeka.

Vo viere rozlišujeme „duchovnú vieru" a „telesnú vieru". Druh viery, ktorú meria sedem duchov, nie je viera ako poznanie - telesná viera - ale duchovná viera, ktorá je živá a je sprevádzaná skutkami (Jak 2, 22). Napríklad, v Mk 9 je opísaná scéna, v ktorej pred Ježiša prišiel otec dieťaťa posadnutého démonmi, ktoré v dôsledku toho onemelo (Mk 9, 17). Otec povedal Ježišovi: „Verím; pomôž mojej nevere!" Tu otec vyznal jeho telesnú vieru, keď povedal: „Verím" a prosil ho o duchovnú vieru slovami: „Pomôž mojej nevere!" Ježiš ihneď odpovedal otcovi a chlapca uzdravil (Mk 9, 18 - 27).

Bez viery je nemožné zapáčiť sa Bohu (Hebr 11, 6). Napriek tomu, keďže túžby našich sŕdc môžeme mať splnené, keď ho potešujeme, skrze vieru, ktorá potešuje Boha, môžeme dosiahnuť splnenie túžob našich sŕdc. Preto, ak nedostaneme Božie odpovede, aj keď nám Boh povedal: „Stane sa ti, ako si uveril," znamená to, že naša viera ešte nie je úplná.

Po druhé, sedem duchov meria radosť človeka.

Ako nám hovorí 1 Sol 5, 16, aby sme sa neprestajne radovali, je Božou vôľou, aby sme sa neustále radovali. Dnes sa namiesto radosti v ťažkých časoch mnoho kresťanov ocitá v úzkosti, strachu a obavách. Ak skutočne veria v živého Boha z hĺbky ich srdca, môžu sa neustále radovať bez ohľadu na situáciu, v ktorej sa nachádzajú. Môžu byť radostní vo vrúcnej nádeji na večné nebeské kráľovstvo, nie na tento svet, ktorý za krátku chvíľu pominie.

Po tretie, sedem duchov meria modlitbu človeka.

Pretože nám Boh hovorí, aby sme sa bez prestania modlili (1 Tes 5, 17) a sľubuje dať čokoľvek tým, ktorí ho prosia (Mt 7, 7), dáva zmysel dostať od Boha všetko, o čo ho v modlitbe prosíme.

Druh modlitby, s ktorou je Boh potešený, predstavuje neustálu modlitbu (Lk 22, 39) a pokľaknutie na kolená v súlade s Božou vôľou. S takýmto postojom a držaním tela budeme prirodzene volať k Bohu z celého srdca a naša modlitba bude plná viery a lásky. Boh skúma tento druh modlitby. Nemáme sa modliť len vtedy, keď niečo chceme alebo sme zarmútení a v modlitbe bľabotať, ale modliť sa podľa Božej vôle (Lk 22, 39 - 41).

Po štvrté, sedem duchov meria vďakyvzdanie človeka.

Boh nám prikázal, aby sme za všetko ďakovali (1 Tes 5, 18), a tak každý človek, ktorý verí, by mal prirodzene z celého srdca vzdávať za všetko vďaky. Vzhľadom k tomu, že nás presunul z cesty smrti na cestu k večnému životu, ako by sme mohli nebyť vďační? Musíme byť vďační za to, že sa Boh stretáva s tými, ktorí ho úprimne hľadajú a odpovedá tým, ktorí ho prosia. Navyše, aj keď čelíme problémom počas nášho krátkeho života na tomto svete, musíme byť vďační, pretože naša nádej je vo večnom nebi.

Po piate, sedem duchov meria to, či človek zachováva Božie prikázania.

1 Jn 5, 2 nám hovorí: *„Podľa toho poznávame, že milujeme Božie deti, keď milujeme Boha a plníme jeho prikázania,"* a Božie prikázania nie sú ťažké (1 Jn 5, 3). Pravidelná modlitba na kolenách a volanie k Bohu je modlitbou lásky pochádzajúcej z viery človeka. V jeho viere a láske k Bohu sa bude modliť v súlade s jeho Slovom.

Napriek tomu, mnoho ľudí sa sťažuje na nedostatok Božích

odpovedí, keď mieria na západ, hoci im Biblia hovorí: „Choď na východ." Jediné, čo musia urobiť, je veriť tomu, čo im hovorí Biblia, a podľa toho konať. Pretože veľmi rýchlo odsúvajú Božie slovo na vedľajšiu koľaj, každú situáciu súdia na základe vlastných myšlienok a teórií a modlia sa usilujúc sa o vlastné výhody, Boh od nich odvráti jeho tvár a neodpovie im. Predpokladajme, že ste sľúbili priateľovi, že sa s ním stretnete na vlakovej stanici v New Yorku, ale neskôr ste si uvedomili, že dávate prednosť autobusu, a tak ste išli do New Yorku autobusom. Bez ohľadu na to, ako dlho budete čakať na autobusovej stanici, nikdy tam svojho priateľa nestretnete. Ak ste išli na západ aj potom, čo vám Boh povedal: „Choď na východ," nemôže o vás povedať, že ste ho poslúchli. Aké tragické a srdcervúce je vidieť toľko kresťanov mať takúto vieru. Toto nie je ani viera, ani láska. Ak hovoríme, že milujeme Boha, je pre nás prirodzené dodržiavať jeho príkazy (Jn 14, 15; 1 Jn 5, 3).

Láska k Bohu vás povedie k tomu, aby ste sa modlili o to horlivejšie a usilovnejšie. To bude zase prinášať ovocie v podobe spásy duší a evanjelizácie a dosiahnutie Božieho kráľovstva a spravodlivosti. Vašej duši sa bude dariť a dostanete moc modlitby. Vzhľadom k tomu, že dostanete odpoveď a vzdáte slávu Bohu, a pretože veríte, že toto všetko bude odmenené v nebi, budete vďační a nebudete unavení. A tak, ak budeme vyznávať vieru v Boha, je len prirodzené, že budeme dodržiavať Desatoro prikázaní, súhrn šesťdesiatich šiestich kníh Biblie.

Po šieste, sedem duchov meria vernosť človeka.

Boh chce, aby sme boli verní, a to nielen v určitej oblasti, ale v celom jeho dome. Okrem toho, ako je zaznamenané v 1 Kor 4, 2: *"Od správcov sa nežiada nič iné, len aby sa každý preukázal ako verný,"* pre tých, ktorí majú Bohom dané povinnosti, je správne prosiť Boha o posilnenie, aby boli vo všetkom verní a dôveryhodní v očiach ľudí okolo nich. Okrem toho, mali by prosiť o vernosť doma a v práci, a pri ich snahe byť verní vo všetkom, čo sa ich týka, ich vernosť musí byť dosiahnutá v pravde.

Po siedme, a zároveň posledné, sedem duchov meria lásku človeka.

Aj keď je človek kvalifikovaný v súlade so šiestimi štandardami opísanými vyššie, Boh nám hovorí, že bez lásky nie sme „ničím," len „cvendžiacim kovom," a že najväčšou čnosťou spomedzi viery, nádeje a lásky je láska. Navyše, Ježiš splnil zákon s láskou (Rim 13, 10), a preto ako jeho deti je len správne, aby sme sa navzájom milovali.

Za účelom získania Božej odpovede na naše modlitby musíme byť ako prvé kvalifikovaní meraniami podľa štandardov siedmich duchov. Znamená to, že noví veriaci, ktorí ešte nepoznajú pravdu, nie sú schopní dostať Božie odpovede?

Predpokladajme, že batoľa, ktoré ešte nevie rozprávať, v jeden deň veľmi jasne povie: „Mama!" Jeho rodičia by boli veľmi radostní a dieťaťu by dali všetko, čo si praje.

Z rovnakého dôvodu, pretože existujú rôzne úrovne viery,

sedem duchov meria každú z nich a odpovedá zodpovedajúcim spôsobom. Preto je Boh dotknutý a potešený odpovedať nováčikovi vo viere, ak preukáže aj malú vieru. Boh je dotknutý a potešený odpovedať, ak si veriaci na druhom alebo treťom stupni viery nahromadili ich zodpovedajúcu mieru viery. Ako veriaci na štvrtej alebo piatej úrovni viery žijú podľa Božej vôle a modlia sa ešte vhodnejším spôsobom, sú okamžite v očiach siedmich duchov kvalifikovaní a dostávajú Božie odpovede ešte rýchlejšie.

Stručne povedané, čím je úroveň viery človeka vyššia - pretože si uvedomuje zákon duchovnej ríše oveľa jasnejšie a podľa neho aj žije – o to rýchlejšie dostáva Božie odpovede. Ale z akých dôvodov dostávajú nováčikovia Božie odpovede častokrát rýchlejšie? Z milosti, ktorú nový veriaci dostáva od Boha, je naplnený Duchom Svätým a kvalifikovaný v očiach siedmich duchov, a preto dostáva Božie odpovede rýchlejšie.

Avšak, ako vstupuje hlbšie do pravdy, zlenivie a postupne stráca prvú lásku, keď jeho predošlá horlivosť vychladne a vytvorí sa tendencia „improvizácie bez prípravy".

V našom zanietení pre Boha staňme sa správnymi v očiach siedmich duchov horlivým životom podľa pravdy, získajme od nášho Otca všetko, o čo v modlitbe prosíme a veďme požehnané životy, v ktorých vzdávame slávu Bohu!

Kapitola 4

Zničiť múr hriechu

Pozri, ruka Pána nie je taká krátka,
aby nemohla zachraňovať,
a jeho ucho nie je také nedoslýchavé,
žeby nepočulo.
Sú to vaše viny, čo sa stali prekážkou
medzi vami a vaším Bohom,
a vaše hriechy zakryli jeho tvár pred vami, takže nepočuje.

(Iz 59, 1 – 2)

Boh hovorí jeho deťom v Mt 7, 7 - 8: *„Proste a dostanete, hľadajte a nájdete, klopte a otvorí sa vám. Veď každý, kto prosí, dostáva, kto hľadá, nachádza, a tomu, kto klope, sa otvorí"* a sľubuje, že im na modlitbu odpovie. Ale prečo sa toľkým ľuďom nedarí dostať Božie odpovede na ich modlitby napriek jeho sľubu?

Boh nepočuje modlitbu hriešnikov; odvracia od nich jeho tvár. Zároveň, nemôže odpovedať na modlitbu ľudí, ktorí majú na ich ceste k Bohu múr hriechu. Preto, aby sme sa mohli tešiť dobrému zdraviu a vo všetkom sa nám darilo, a aj naša duša prosperovala, zničenie múru hriechu blokujúceho cestu k Bohu musí byť našou prioritou.

Skúmaním rôznych prvkov, ktoré sa podieľali na budovaní múru hriechu, každého z vás prosím, aby ste sa stali požehnaným Božím dieťaťom, ktoré koná pokánie zo svojich hriechov, ak medzi Bohom a ním stojí múr hriechu, dostali všetko, o čo Boha v modlitbe prosíte a vzdali mu slávu.

1. Zničiť múr hriechu kvôli vašej nevere v Boha a neprijatiu Pána za vášho Spasiteľa

Biblia hovorí, že pre každého človeka je hriechom to, keď neverí v Boha a neprijíma Ježiša Krista za svojho Spasiteľa (Jn 16, 9). Mnoho ľudí hovorí: „Nemám žiadne hriechy, pretože vediem dobrý život," ale v duchovnej nevedomosti vyslovujú také poznámky bez toho, aby poznali podstatu hriechu. Pretože Božie slovo nie je v ich srdci, títo jedinci nepoznajú rozdiel medzi skutočným správnym a skutočným nesprávnym a nedokážu rozlíšiť dobro od zla. Okrem toho, bez toho aby poznali skutočnú spravodlivosť, ak im štandardy tohto sveta povedia: „Nie si taký zlý," môžu bez výhrad povedať, že sú dobrí. Bez ohľadu na to, aký dobrý život človek verí, že vedie, ak sa obzrie späť na svoj život svetlom Božieho slova po prijatí Ježiša Krista, zistí, že jeho život vôbec nebol „dobrý". Je to preto, že si uvedomí, že jeho nevera v Boha a neprijatie Ježiša Krista je najväčším zo všetkých hriechov. Boh je povinný odpovedať na modlitbu ľudí, ktorí prijali Ježiša Krista a stali sa jeho deťmi, zatiaľ čo Božie deti majú na základe jeho prisľúbenia právo dostať na modlitby jeho odpovede.

Dôvod, prečo Božie deti - ktoré v neho veria a prijali Ježiša Krista za svojho Spasiteľa - nie sú schopné dostať odpovede na ich modlitby, je to, že nedokážu uznať existenciu múru, ktorý vyrástol v dôsledku ich hriechu a zla, a ktorý stojí medzi Bohom a nimi. To je dôvod, prečo, aj keď sa postia alebo celú noc sa modlia, Boh od nich odvracia jeho tvár a neodpovedá na ich modlitbu.

2. Zničiť hriech nemilovania sa navzájom

Boh nám hovorí, že je len prirodzené, aby sa jeho deti navzájom milovali (1 Jn 4, 11). Okrem toho, pretože nám hovorí, aby sme milovali aj našich nepriateľov (Mt 5, 44), nenávidenie našich bratov namiesto milovania je neuposlúchnutie Božieho slova, a preto je to hriech.

Pretože Ježiš Kristus dokázal jeho lásku skrze jeho ukrižovanie za celé ľudstvo, ktoré bolo ušpinené hriechom a zlom, je správne milovať našich rodičov, bratov a deti. Ale pred Bohom je vážnym hriechom prechovávanie takých frivolných pocitov, ako je nenávisť a neochota odpúšťať jeden druhému. Boh nám prikázal, aby sme mu ukázali druh lásky, ktorou Ježiš zomrel na kríži, aby vykúpil človeka z jeho hriechov; on nás prosí len o to, aby sme premenili nenávisť na odpustenie druhým. Prečo je to teda také ťažké?

Boh nám hovorí, že každý, kto nenávidí svojho brata, je „vrah" (1 Jn 3, 15) a náš Otec bude s nami zaobchádzať rovnakým spôsobom, ak neodpustíme našim bratom (Mt 18, 35), a nabáda nás k láske a nereptaniu voči nim, aby sa zabránilo rozsudku (Jak 5, 9).

Pretože v každom z nás prebýva Duch Svätý, láskou Ježiša Krista, ktorý bol ukrižovaný a vykúpil nás z našich minulých, prítomných a budúcich hriechov, môžeme milovať všetkých ľudí, keď pred ním konáme pokánie, odvrátime sa od našich ciest a získame jeho odpustenie. Pretože ľudia tohto sveta neveria v Ježiša Krista, neexistuje pre nich žiadne odpustenie, aj keď konajú pokánie a bez vedenia Ducha Svätého navzájom medzi sebou nie sú schopní zdieľať skutočnú lásku.

Dokonca aj keď vás váš brat nenávidí, musíte mať druh srdca, ktorým stojíte v pravde, pochopiť ho a odpustiť mu a modliť sa za neho v láske, aby ste sa vy sami nestali hriešnikom.

Ak nenávidíme našich bratov namiesto ich milovania, zhrešili sme pred Bohom, stratíme plnosť Ducha Svätého, staneme sa úbohými a pochabými a budeme tráviť všetky naše dni bedákaním. Nemali by sme očakávať, že nám Boh na modlitbu odpovie.

Iba mocou Ducha Svätého môžeme milovať našich bratov, pochopiť ich a odpustiť im a dostať od Boha všetko, o čo v modlitbe prosíme.

3. Zničiť múr hriechu neposlúchnutia Božích prikázaní

V Jn 14, 21 nám Ježiš hovorí: *„Kto prijal moje prikázania a zachováva ich, ten ma miluje. A kto mňa miluje, toho bude milovať aj môj Otec; aj ja ho budem milovať a zjavím mu seba samého."* Z tohto dôvodu nám 1 Jn 3, 21 hovorí: „Milovaní, ak nás srdce neobviňuje, máme istotu v Bohu." Inými slovami, ak bol vytvorený múr hriechu kvôli našej neposlušnosti k Božím prikázaniam, nemôžeme dostať jeho odpovede na naše modlitby. Iba vtedy, keď Božie deti dodržiavajú príkazy ich Otca a robia to, čo je mu príjemné, môžu ho s dôverou prosiť o čokoľvek, po čom túžia a dostať všetko, o čo prosia.

1 Jn 3, 24 nám pripomína: *„Kto zachováva jeho prikázania, ostáva v Bohu a Boh v ňom. A že zostáva v nás, poznávame prostredníctvom Ducha, ktorého nám dal."* Zdôrazňuje, že iba vtedy, keď je srdce človeka naplnené pravdou úplným

odovzdaním nášho srdca Pánovi a žije pod vedením Ducha Svätého, môže dostať všetko, o čo prosí a jeho život bude v každom smere úspešný.

Napríklad, ak by v srdci človeka bolo sto izieb a všetkých sto izieb by dal Pánovi, jeho duša bude prosperovať a on dostane požehnanie, aby sa mu vo všetkom darilo. Ale ak ten istý človek dá Pánovi len päťdesiat izieb v jeho srdci a zvyšných päťdesiat izieb použije na niečo iné, nie vždy by dostal Božiu odpoveď, pretože by bol vedený Duchom Svätým iba polovicu času, zatiaľ čo zvyšných päťdesiat izieb by používal na prosenie Boha na základe vlastných myšlienok alebo v súlade so žiadostivou túžbou tela. Pretože náš Pán prebýva v každom z nás, a to aj v prípade, že je medzi nami prekážka, on nás posilňuje buď ju obísť, alebo ju prekonať. Dokonca, aj keď kráčame tmavým údolím, dáva nám spôsob, ako sa mu vyhnúť, vo všetkom pracuje pre naše dobro a vedie naše cesty k prosperite.

Keď potešujeme Boha poslušnosťou k jeho prikázaniam, žijeme v Bohu a on žije v nás, môžeme mu vzdať slávu, pretože obdržíme všetko, o čo ho v modlitbe prosíme. Poďme zničiť múr hriechu neuposlúchnutia Božích prikázaní, začnime ich dodržiavať, staňme sa pred Bohom sebavedomými a vzdajme mu slávu tým, že dostaneme všetko, o čo budeme prosiť.

4. Zničiť múr hriechu modlitby za uspokojenie vlastných žiadostivostí

Boh nám hovorí, aby sme všetko v živote konali pre jeho slávu (1 Kor 10, 31). Keď sa modlíme za všetko okrem jeho slávy, snažíme sa o splnenie vlastných žiadostivostí a túžob tela, ale na takéto prosby nemôžeme dostať Božie odpovede (Jak 4, 3). Na jednej strane, ak sa usilujete o materiálne požehnanie pre Božie kráľovstvo a jeho spravodlivosť, úľavu pre chudobných a spásu duší, dostanete Božie odpovede, pretože v skutočnosti hľadáte jeho slávu. Na druhej strane, ak sa usilujete o materiálne požehnanie v nádeji, že sa budete chváliť pred bratom, ktorý vás vyhrešil: „Ako môžeš byť chudobný, keď chodíš do kostola?", v skutočnosti sa modlíte v súlade so zlom na uspokojenie vlastných žiadostivostí a vaša modlitba nedostane odpoveď. Aj na tomto svete rodičia, ktorí skutočne milujú svoje dieťa, nedajú mu €100 na míňanie v herni. Z rovnakého dôvodu, Boh nechce, aby jeho deti kráčali po nesprávnej ceste a z tohto dôvodu neodpovedá na každú prosbu jeho detí.

1 Jn 5, 14 - 15 nám hovorí: *„A máme k nemu pevnú dôveru, že nás počuje, kedykoľvek o niečo prosíme podľa jeho vôle. A ak vieme, že nás počuje, kedykoľvek o niečo prosíme, vieme i to, že už máme, o čo sme ho žiadali."* Iba ak odhodíme vlastnú žiadostivosť a budeme sa modliť podľa Božej vôle a pre jeho slávu, dostaneme čokoľvek, o čo ho v modlitbe prosíme.

5. Zničiť múr hriechu pochybovania v modlitbe

Keďže Boh je potešený, keď mu prejavujeme našu vieru, bez viery je nemožné zapáčiť sa Bohu (Hebr 11, 6). Aj v Biblii môžeme nájsť mnoho príkladov, kedy si Božie odpovede našli cestu k ľuďom, ktorí mu preukázali ich vieru (Mt 20, 29 – 34; Mk 5, 22 – 43; 9, 17 - 27; 10, 46 - 52). Dokonca aj pohania boli pochválení, keď ukázali ich veľkú vieru v neho (Mt 15, 28).

Boh karhá tých, ktorí nie sú schopní uveriť, ale aspoň trochu pochybujú (Mk 9, 16 - 29) a hovorí nám, že ak pri modlitbe budeme prechovávať čo i len štipku pochybností, nemali by sme si myslieť, že od Pána niečo dostaneme (Jak 1, 6 - 7). Inými slovami, aj keď sa postíme a modlíme celú noc, ak je naša modlitba naplnená pochybnosťami, nemali by sme vôbec očakávať získanie Božej odpovede.

Navyše, Boh nám pripomína: *„Amen, hovorím vám, keby niekto prikázal tomuto vrchu: „Zdvihni sa a zrúť sa do mora!" a nezapochyboval by v srdci, ale veril by, že čo vyslovil, sa stane, splní sa mu to. Preto vám hovorím: Všetko, o čo sa modlíte a prosíte, verte, že ste dostali a budete mať"* (Mk 11, 23 - 24).

Pretože „Boh nie je človek, aby klamal, nie je syn človeka, aby ľutoval. Povie azda a nespraví? Sľúbi a nesplní?" (Nm 23, 19), ako Boh sľúbil, skutočne odpovedá na modlitby všetkých tých, ktorí veria a snažia sa o jeho slávu. Ľudia, ktorí milujú Boha a majú vieru, sú povinní veriť a snažiť sa o Božiu slávu, a to je dôvod, prečo im je povedané, aby prosili o čokoľvek, po čom túžia. Ako veria, prosia a dostávajú odpovede na čokoľvek, o čo prosia, títo ľudia môžu vzdať slávu Bohu. Zbavme sa pochybností a len verme, prosme a dostávajme od Boha, aby sme mu tak mohli vzdať slávu pre upokojenie našich sŕdc.

6. Zničiť múr hriechu nesiatím pred Bohom

Ako vládca všetkého vo vesmíre Boh zaviedol zákon duchovnej ríše, a ako spravodlivý sudca všetko usporiadane riadi.

Kráľ Dárius nemohol zachrániť svojho milovaného služobníka Daniela pred levovou jamou, pretože ani ako kráľ nemohol neuposlúchnuť dekrét, ktorý on sám písomne vydal. Podobne, keďže Boh nemôže neuposlúchnuť zákon duchovnej ríše, ktorý on sám ustanovil, všetko vo vesmíre funguje systematicky pod jeho dohľadom. Z tohto dôvodu „Boh sa nenechá zosmiešňovať" a necháva človeka žať to, čo zasial (Gal 6, 7). Ak človek seje modlitbu, dostáva duchovné požehnanie; keď seje svoj čas, dostáva požehnanie dobrého zdravia; keď seje obety, Boh ho ochráni pred problémami v jeho firme, práci a doma a dá mu ešte väčšie materiálne požehnanie.

Keď pred Bohom sejeme rôznymi spôsobmi, on odpovedá na naše modlitby a dáva nám, o čo prosíme. Preto prinášajme hojné ovocie horlivým siatím pred Bohom, ale tiež získajme všetko, o čo ho v modlitbe prosíme.

Okrem vyššie uvedených šiestich múrov hriechu, „hriech" zahŕňa také túžby a skutky tela ako neprávosti, závisť, zlosť, hnev a pýchu, nebojovanie proti hriechom až po krvipreliatie a nehorlivosť pre Božie kráľovstvo. Učením a pochopením rôznych faktorov, ktoré stavajú múr medzi Bohom a nami, zničme múr hriechu a vždy dostávajme Božie odpovede, a tak mu vzdajme slávu. Každý z nás by sa mal stáť veriacim, ktorý sa teší z dobrého zdravia, vo všetkom sa mu darí a jeho duša prosperuje.

Na základe Božieho slova nájdeného v Iz 59, 1 - 2, sme preskúmali celý rad faktorov, ktoré stavajú múr medzi Bohom a nami. V mene Ježiša Krista sa modlím, aby sa každý z vás stal požehnaným Božím dieťaťom, ktoré ako prvé chápe podstatu tohto múru, teší sa z dobrého zdravia a vo všetkom sa mu darí, a aj jeho duša prosperuje, a vzdáva slávu svojmu nebeskému Otcovi tým, že dostane všetko, o čo prosí!

Kapitola 5

Budete žať, čo ste zasiali

Je to tak: Kto skúpo seje, skúpo bude aj žať,
kto však seje štedro, štedro bude aj žať. Každý tak, ako si
umienil v srdci: Nie s nevôľou alebo z donútenia, lebo
ochotného darcu miluje Boh.

(2 Kor 9, 6 - 7)

Každú jeseň môžeme na poliach vidieť zlaté pláne plné zrelých rastlín ryže. Vieme, že zber týchto rastlín ryže je možný len vďaka tvrdej práci a obetavosti poľnohospodárov, počnúc sadením semien, cez hnojenie poľa, až po staranie sa o rastliny celú jar a celé leto.

Poľnohospodár, ktorý má veľké pole a zaseje viac semien, musí pracovať viac ako poľnohospodári, ktorí zasiali menej semien. Ale v nádeji na zber veľkej úrody pracuje tento poľnohospodár oveľa usilovnejšie a zanietenejšie. Rovnako ako diktuje zákon prírody, že „človek bude žať, čo zasial," mali by sme vedieť, že aj zákon Boha, ktorý je majiteľom duchovnej ríše, hovorí to isté.

Niektorí dnešný kresťania prosia Boha, aby im splnil ich túžby bez toho, aby siali, zatiaľ čo iní sa sťažujú na nedostatok jeho odpovedí napriek mnohým modlitbám. Aj keď Boh chce jeho deti hojne požehnať a dať im odpovede na každý problém, človek často nedokáže pochopiť zákon výsevu a žatvy, a preto nedostáva to, o čo Boha prosí.

Na základe zákona prírody, ktorý nám hovorí: „Človek bude žať, čo zasial," poďme zistiť, čo máme siať, a ako máme siať, aby sme vždy dostali Božie odpovede a bez výhrad vzdali slávu Bohu.

1. Pôda musí byť najprv kultivovaná

Pred výsevom semien musí poľnohospodár obrobiť pole, na ktorom chce pracovať. Zbiera kamene, vyrovnáva povrch a vytvára prostredie a podmienky, pri akých môžu semená správne rásť. Podľa úrovne poľnohospodárovej obetavosti a námahy, dokonca aj pustá krajina môže byť premenená na úrodnú pôdu. Biblia prirovnáva srdce každého človeka k pôde a rozdeľuje ju na štyri rôzne typy (Mt 13, 3 - 9).

Prvý typ pôdy je „kraj cesty."

Pôda pozdĺž cesty je tvrdá. Človek s takým srdcom chodí do kostola, ale ani po vypočutí slova neotvorí dvere jeho srdca. Preto nedokáže spoznať Boha, a vzhľadom na nedostatok viery sa mu nepodarí stať osvieteným.

Druhý typ pôdy je „skalnatá pôda."

V takejto skalnatej pôde výhonky nemôžu kvôli kameňom dobre rásť. Človek s takým srdcom pozná slovo iba ako poznanie a jeho viera nie je sprevádzaná skutkom. Pretože nemá istotu viery, v čase skúšok a utrpenia rýchlo podlieha.

Tretím typom pôdy je „tŕnistá pôda."

V tejto tŕnistej pôde nedochádza k zberu dobrého ovocia v dôsledku tŕnia, ktoré rastliny udusí. Človek s takým srdcom verí v Božie slovo a snaží sa podľa neho žiť. No nekoná v súlade s Božou vôľou, ale v súlade s túžbami tela. Pretože rast slova, ktoré bolo zasiate do jeho srdca, je manipulovaný pokušením majetku a zisku alebo obavami tohto sveta, nemôže prinášať ovocie. Aj keď sa modlí, nie je schopný sa spoľahnúť na „neviditeľného" Boha, a preto sa rýchlo spolieha na vlastné myšlienky a cesty. To je dôvod, prečo sa mu nedarí zažiť Božiu moc, pretože Boh môže takého človeka pozorovať iba z diaľky.

Štvrtý typ pôdy je „dobrá pôda."

Veriaci s touto dobrou pôdou odpovedá iba „amen" na čokoľvek, čo je Božie slovo a s vierou bez akýchkoľvek vlastných myšlienok alebo vypočítavosti ho dodržiava. Ak sú semená zasiate do tejto dobrej pôdy, dobre rastú a prinášajú jedny stonásobnú, druhé šesťdesiatnásobnú a ďalšie tridsaťnásobnú úrodu.

Ježiš hovoril iba: „Amen" a bol verný Božiemu slovu (Flp 2, 5 - 8). Podobne, človek s „dobrou pôdou" srdca je bezpodmienečne verný Božiemu slovu a podľa neho aj žije. Ak Božie slovo hovorí, aby sa neustále radoval, za každých okolností bude radostný. Ak jeho Slovo hovorí neprestajne sa modliť, bude sa bez prestania modliť. Človek, ktorý má „dobrú pôdu" srdca, môže vždy komunikovať s Bohom, dostať všetko, o čo v modlitbe prosí a žiť podľa jeho vôle.

Bez ohľadu na to, aký druh pôdy srdca v danej chvíli máme, vždy ju môžeme premeniť na dobrú pôdu. Môžeme zorať skalnatú pôdu a vyzbierať kamene, odstrániť tŕne, a akúkoľvek pôdu zúrodniť.

Ako teda môžeme kultivovať naše srdce na „dobrú pôdu"?

Po prvé, musíme uctievať Boha v duchu a v pravde.
Musíme dať Bohu celú našu myseľ, vôľu, odhodlanie a silu a v láske mu ponúknuť naše srdce. Až potom budeme v bezpečí pred

zbytočnými myšlienkami, únavou a ospalosťou a budeme môcť premeniť naše srdcia na dobrú pôdu mocou, ktorá na nás zostúpi zhora.

Po druhé, musíme odhodiť všetky naše hriechy až po krvipreliatie.
Keď plne dodržiavame celé Božie slovo, vrátane všetkých príkazov ako „toto robte" a „toto nerobte" a podľa neho aj žijeme, naše srdce sa postupne premení na dobrú pôdu. Napríklad, keď v sebe objavíme vlastnosti ako závisť, žiarlivosť, nenávisť, a podobne, naše srdce môže premeniť na dobrú pôdu iba vrúcna modlitba.

Do akej miery preskúmame pôdu nášho srdca a usilovne ju kultivujeme, do tej miery bude naša viera rásť a v Božej láske sa nám bude vo všetkom dariť. Musíme horlivo kultivovať pôdu nášho srdca, pretože čím viac budeme žiť podľa Božieho slova, tým viac vzrastie naša duchovná viera. Čím viac vzrastie naša duchovná viera, tým viac „dobrej pôdy" môžeme mať. Aby sme to dosiahli, musíme kultivovať naše srdce o to usilovnejšie.

2. Musia byť zasiate rôzne semená

Akonáhle je pôda kultivovaná, poľnohospodár začne siať semená. Rovnako ako jeme rôzne druhy potravín v rovnováhe pre udržanie dobrého zdravia, poľnohospodár sadí a pestuje rôzne semená, ako je ryža, pšenica, zelenina, fazuľa, a podobne.

Pri výseve pred Bohom musíme siať veľa rôznych vecí. „Výsev" duchovne odkazuje na poslušnosť voči Božím príkazom, ktoré nám hovoria „niečo robiť". Napríklad, ak nám Boh hovorí, aby sme sa neustále radovali, môžeme siať s radosťou, ktorá pramení z našej nádeje na nebo, a touto radosťou je Boh tiež potešený a splní túžby nášho srdca (Ž 37, 4). Ak nám Boh hovorí, aby sme „hlásali evanjelium", musíme usilovne šíriť Božie slovo. Ak nám hovorí, aby sme sa navzájom „milovali," boli „verní", „ďakovali" a „modlili sa", mali by sme usilovne robiť presne to, čo nám bolo povedané.

Okrem toho, život podľa Božieho slova, ako je dávanie desiatkov a svätenie Pánovho dňa, je skutkom siatia pred ním, čo sme zasiali, môže vyklíčiť, dobre rásť, zakvitnúť a priniesť hojné ovocie.

Ak sme siali striedmo, neochotne alebo z donútenia, Boh neprijíma naše úsilie. Rovnako ako poľnohospodár seje semená v nádeji na dobrú úrodu v jeseni, vierou musíme tiež veriť v Boha a upierať náš zrak na toho, ktorý nám žehná stonásobne, šesťdesiatnásobne alebo tridsaťnásobne.

Hebr 11, 6 hovorí: *„Bez viery však nie je možné zapáčiť sa Bohu. Veď kto pristupuje k Bohu, musí veriť, že Boh je a že odmeňuje tých, čo ho hľadajú."* Vkladaním našej dôvery v jeho Slovo, môžeme zbierať hojné ovocie na tomto svete a ukladať si odmeny v nebeskom kráľovstve, keď vzhliadame k nášmu Bohu, ktorý odmeňuje, a sejeme pred ním.

3. O pôdu sa musíme starať s vytrvalosťou a obetavosťou

Po výseve semien sa poľnohospodár stará o pôdu s najvyššou starostlivosťou. Polieva rastliny, odstraňuje burinu a chytá prípadných škodcov. Bez takého vytrvalého úsilia rastliny môžu vyklíčiť, ale zvädnú a umierajú skôr, než prinesú nejaké ovocie.

„Voda" duchovne predstavuje Božie slovo. Ako nám hovorí Ježiš v Jn 4, 14: „Kto sa však napije z vody, ktorú mu dám ja, nikdy nevysmädne. Ale voda, ktorú mu dám, stane sa v ňom prameňom vody prúdiacej do večného života," voda symbolizuje večný život a pravdu. „Chytanie škodcov" predstavuje stráženie Božieho slova, ktoré bolo zasadené v pôde nášho srdca, pred nepriateľom diablom. Prostredníctvom uctievania, chvál a modlitby môže byť zachovaná plnosť v našom srdci, aj keď prichádza nepriateľ diabol, aby nám našu prácu prekazil.

„Odstraňovanie buriny" je proces, v ktorom sa zbavujeme takej nepravdy ako zlosť, nenávisť, a podobne. Keď sa usilovne modlíme a snažíme odhodiť zlosť a nenávisť, hnev je vykorenený, keď vyrastie semienko pokory a nenávisť je vykorenená vyklíčením semienka lásky. Keď bola vykorenená nepravda a rušivý nepriateľ diabol bol pristihnutý, môžeme rásť ako jeho skutočné deti.

Dôležitým faktorom v staraní sa o pôdu potom, čo boli semená zasiate, je vytrvalé čakanie na správny čas. Ak poľnohospodár vykope semená čoskoro po ich výseve, aby videl, či rastliny vyklíčili, semená môžu ľahko zhniť. Až do žatvy je potrebné veľké množstvo obetavosti a vytrvalosti.

Čas potrebný na prinesenie ovocia sa líši od semena k semenu.

Zatiaľ čo semená melónov môžu priniesť ovocie za menej ako rok, jablone a hrušky potrebujú niekoľko rokov. A radosť poľnohospodárov pestujúcich ženšen by bola oveľa väčšia ako poľnohospodárov pestujúcich melóny, pretože hodnota ženšenu, ktorý vyrastie a dozrieva po dobu niekoľkých rokov, nemôže byť porovnávaná s melónmi, ktoré vyrastú za kratšiu dobu.

Z rovnakého dôvodu, keď sme siali pred Bohom podľa jeho Slova, niekedy môžeme byť schopní dostať jeho odpovede ihneď a zbierať ovocie, ale inokedy je potrebné viac času. Ako nám pripomína Gal 6, 9: *„Neúnavne konajme dobro, lebo ak neochabneme, budeme žať, keď príde čas,"* až do žatvy sa musíme starať o pôdu nášho srdca s vytrvalosťou a obetavosťou.

4. Budete žať, čo ste zasiali

V Jn 12, 24 nám Ježiš hovorí: *„Amen, amen, hovorím vám: Ak pšeničné zrno, ktoré padne do zeme, neodumrie, zostane samo. Ale ak odumrie, prinesie veľkú úrodu."* Boh spravodlivosti pripravil podľa jeho zákona Ježiša Krista, jeho jednorodeného Syna, ako zmiernu obetu za ľudstvo a nechal ho stať sa zrnom pšenice, padnúť a zomrieť. Ježiš priniesol mnoho ovocia skrze jeho smrť.

Zákon duchovnej ríše je, podobne ako zákon prírody, ktorý hovorí: „Budete žať, čo ste zasiali," Boží zákon, ktorý nemôže byť porušený. Gal 6, 7 - 8 nám jasne hovorí: *„Nemýľte sa! Boh sa nedá vysmievať, lebo čo človek rozsieva, bude aj žať. Pretože kto rozsieva pre svoje telo, z tela bude žať porušenie. Ale kto* *rozsieva pre Ducha, z Ducha bude žať večný život."*

Keď poľnohospodár seje semená na jeho poli, v závislosti od druhu semena môže žať niektoré plodiny skôr ako iné, a popri zbere plodín zároveň vysieva nové semená. Čím viac poľnohospodár seje a usilovne sa o pôdu stará, tým väčšiu úrodu bude žať. Z rovnakého dôvodu, dokonca aj v našom vzťahu s Bohom, zberáme to, čo sme zasiali.

Ak sejete modlitbu a chválu, mocou zhora môžete žiť podľa Božieho slova, keďže sa bude vašej duši dariť. Ak verne pracujete pre Božie kráľovstvo, všetky choroby vás obídu, pretože dostanete požehnanie tela i ducha. Ak horlivo sejete vašimi hmotnými statkami, desiatkami a obetami vďakyvzdania, Boh vám dá väčšie materiálne požehnanie, ktorým vám umožní ich použitie pre jeho kráľovstvo a spravodlivosť.

Náš Pán, ktorý odmeňuje každého človeka podľa toho, čo urobil, nám v Jn 5, 29 hovorí: *„A tí, čo robili dobre, budú vzkriesení pre život, kým tí, čo páchali zlo, budú vzkriesení na odsúdenie."* Preto musíme žiť vedení Duchom Svätým a konať v našom živote dobro.

Ak človek neseje pre Ducha Svätého, ale pre vlastné túžby, môže žať len veci tohto sveta, ktoré sa nakoniec pominú. Ak súdite a odsudzujete ostatných, aj vy budete súdení a odsúdení v súlade s Božím slovom, ktoré hovorí: *„Nesúďte, aby ste neboli súdení. Lebo akým súdom súdite, takým budete súdení. Akou mierou meriate, takou sa nameria vám"* (Mt 7, 1 - 2).

Boh nám odpustil všetky hriechy, ktoré sme spáchali predtým, ako sme prijali Ježiša Krista. Ale ak pácháme hriechy po spoznaní pravdy a hriechu, aj keď je nám pokáním odpustené, budeme potrestaní.

Ak ste zasiali hriech, v súlade so zákonom duchovnej ríše budete žať ovocie hriechu a čeliť obdobiu skúšok a utrpenia.

Keď Bohom milovaný Dávid zhrešil, Boh mu povedal: *„Prečo si znevážil Pánovo slovo a dopustil sa toho, čo sa mu nepáči?"* a *„Dopustím na teba pohromu, čo bude z tvojho vlastného domu"* (2 Sam 12, 9; 11). Aj keď boli Dávidove hriechy odpustené potom, čo ich oľutoval slovami: „Zhrešil som proti Pánovi," vieme, že Boh dopustil chorobu na dieťa, ktoré Dávidovi porodila Uriášova manželka (2 Sam 12, 13 - 15).

Mali by sme žiť podľa pravdy a konať dobro a pamätať na to, že vo všetkom žneme, čo sme zasiali, siať pre Ducha Svätého, z Ducha Svätého dostať večný život a vždy dostávať pretekajúce Božie požehnanie.

V Biblii je veľa jedincov, ktorí sa zapáčili Bohu a následne dostali jeho hojné požehnanie. Keďže žena zo Šuném vždy zaobchádzala s Božím mužom Elizeom s najvyššou úctou a zdvorilosťou, on zostával v jej dome zakaždým, keď tade prechádzal. Potom, čo prediskutovala so svojím manželom prípravu hosťovskej izby pre Elizea, žena zriadila pre proroka izbu a umiestnila v nej posteľ, stôl, stoličku a svietnik a pozvala Elizea prebývať v jej dome (2 Kr 4, 8 - 10).

Elizeus bol veľmi dojatý ženinou obetavosťou. Keď zistil, že jej manžel bol starý a boli bezdetní, a že mať vlastné dieťa bolo ženinou túžbou, Elizeus prosil Boha o požehnanie dieťaťa pre túto ženu a o rok neskôr jej Boh dal syna (2 Kr 4, 11 - 17).

Ako nám Boh prisľúbil v Ž 37, 4: *"Raduj sa v Pánovi a dá ti, po čom túži tvoje srdce,"* žena zo Šuném mala túžby srdca splnené, keď zaobchádzala s Božím služobníkom so starostlivosťou a obetavosťou (2 Kr 4, 8 - 17).

V Sk 9, 36 - 40 je záznam o žene z Joppy, menom Tabita, ktorá konala skutky milosrdenstva a lásky. Keď ochorela a zomrela, učeníci oznámili túto správu Petrovi. Keď dorazil na miesto, vdovy ukázali Petrovi rúcha a ďalšie oblečenie, ktoré pre nich Tabita ušila a prosili ho, aby ženu priviedol späť k životu. Peter bol hlboko dojatý gestom žien a vrúcne sa modlil k Bohu. Keď povedal: „Tabita, vstaň," otvorila oči a posadila sa. Pretože Tabita siala pred Bohom konaním dobra a pomáhaním chudobným, mohla dostať požehnanie predĺženia života.

V Mk 12, 44 je záznam o chudobnej vdove, ktorá dala Bohu všetko, čo mala. Ježiš, ktorý sledoval dav dávať desiatky v chráme, povedal učeníkom: *„Všetci tam dali zo svojho prebytku, ona však pri svojej chudobe dala všetko, čo mala na svoje živobytie"* a pochválil ju. Nie je ťažké pochopiť, že neskôr v živote žena dostala ešte väčšie požehnanie.

Podľa zákona duchovnej ríše nás Boh spravodlivosti necháva žať to, čo sme zasiali a odmeňuje nás podľa toho, čo každý z nás urobil. Keďže Boh pracuje podľa viery každého človeka, ktorý verí v jeho Slovo a dodržiava ho, mali by sme si uvedomiť, že môžeme dostať všetko, o čo v modlitbe prosíme. V mene nášho Pána Ježiša Krista sa modlím, aby si každý z vás s ohľadom na túto skutočnosť preskúmal srdce, usilovne ho kultivoval na dobrú pôdu, zasial veľa semien, staral sa o ne s vytrvalosťou a obetavosťou a prinášal hojné ovocie!

Kapitola 6

Eliáš dostáva Božiu odpoveď v podobe ohňa

Potom povedal Eliáš Achábovi: „Vystúp hore, jedz a pi, lebo čujem hukot dažďa." Acháb vystúpil hore, aby jedol a pil. Medzitým vyšiel Eliáš na vrchol Karmelu, sklonil sa po zem, vsunul si tvár medzi kolená a povedal svojmu sluhovi: „Vyjdi hore a podívaj sa na more." Keď vyšiel a poobzeral sa, hlásil: „Nič tam nie je!" Kázal mu to sedemkrát zopakovať. Keď to bolo po siedme, hlásil: „Z mora vystupuje obláčik ako ľudská dlaň." On na to: „Odkáž Achábovi: „Priahaj a zbehni dolu, aby ťa nezastihol dážď."" Nebo sa postupne zatiahlo mrakmi, zadul vietor a spustil sa mohutný lejak. Acháb nasadol do voza a odišiel do Jezreelu.

(1 Kr 18, 41 - 45)

Mocný Boží služobník Eliáš mohol svedčiť o živom Bohu a pomocou Božej odpovede v podobe ohňa, o ktorú prosil, a ktorú dostal, spôsobiť, aby sa modloslužobnícki Izraeliti kajali z hriechov. Okrem toho, keď tri a pol roka nebolo dažďa v dôsledku Božieho hnevu voči Izraelitom, bol to Eliáš, ktorý vykonal zázrak ukončenia sucha a privolal na zem mohutný lejak.

Ak veríme v živého Boha, aj v našom živote musíme dostať Božiu odpoveď v podobe ohňa ako Eliáš, svedčiť o ňom a vzdať mu slávu.

Skúmaním Eliášovej viery, ktorou dostal Božiu odpoveď v podobe ohňa a na vlastné oči videl splnenie túžob jeho srdca, staňme sa aj my požehnanými Božími deti, ktoré vždy dostávajú odpovede nášho Otca v podobe ohňa.

1. Viera Eliáša, Božieho služobníka

Izraeliti, ako Boží vyvolení, mali uctievať iba Boha, ale ich králi začali páchať v Božích očiach zlo a uctievať modly. V čase, keď na trón zasadol Acháb, Izraeliti už konali viac zla a modloslužobníctvo dosiahlo vrchol. Vtedy sa Boží hnev voči Izraelu obrátil na nešťastie v podobe sucha, ktoré trvalo tri a pol roka. Boh ustanovil Eliáša za jeho služobníka a skrze neho uskutočnil jeho diela.

Boh povedal Eliášovi: *„Choď sa ukázať Achábovi, lebo chcem zoslať na zem dážď"* (1 Kr 18, 1).

Mojžiš, ktorý vyviedol Izraelitov z Egypta, prvýkrát neposlúchol Boha, keď mu Boh prikázal predstúpiť pred faraóna. Keď mal Samuel pomazať Dávida, ani tento prorok spočiatku neposlúchol Boha. Avšak, keď Boh prikázal Eliášovi ísť a ukázať sa Achábovi, tomu istému kráľa, ktorý sa ho tri roky snažil zabiť, prorok bez výhrad poslúchol Boha a ukázal mu druh viery, ktorou bol Boh potešený.

Pretože Eliáš poslúchol a veril vo všetko, čo je Božie slovo, skrze proroka mohol Boh znova a znova uskutočniť jeho diela. Boh bol spokojný s Eliášovou poslušnou vierou, miloval ho, uznal ho za svojho služobníka, sprevádzal ho, kdekoľvek šiel a potvrdzoval celé jeho úsilie. Lebo Boh uznal Eliášovu vieru, Eliáš mohol kriesiť mŕtvych, dostať Božiu odpoveď v podobe ohňa a byť vzatý vo víchrici do neba. Hoci je len jeden Boh, ktorý sedí na nebeskom tróne, všemohúci Boh môže dohliadať na všetko, čo je vo vesmíre a jeho diela sa môžu uskutočniť všade tam, kde je prítomný. Ako nájdeme v Mk 16, 20: *„Oni sa rozišli a všade kázali. Pán im pomáhal a slovo potvrdzoval znameniami, ktoré ich sprevádzali,"* keď sú človek a jeho viera Bohom uznané a potvrdené, sprevádzajú ho zázraky a Božie odpovede na modlitbu tohto človeka ako dôkaz uskutočnenia jeho diel.

2. Eliáš dostáva Božiu odpoveď v podobe ohňa

Keďže Eliášova viera bola veľká a bol natoľko poslušný, že dosiahol Božie uznanie, prorok mohol smelo prorokovať o hroziacom suchu v Izraeli.

Mohol pred kráľom Achábom vyhlásiť: *"Vtedy povedal tišbejský Eliáš z Gileádu Achábovi: "Akože žije Pán, Boh Izraela, ktorému slúžim, nebude po tieto roky ani rosy, ani dažďa, iba ak na moje slovo""* (1 Kr 17, 1).

Boh už vopred vedel, že Acháb sa bude snažiť ohroziť život Eliáša, ktorý prorokoval o suchu, a tak Boh doviedol proroka k potoku Kerít, povedal mu, aby tam chvíľu zostal a krkavcom prikázal, aby mu nosili ráno a večer chlieb a mäso. Keď potok Kerít z nedostatku dažďa vyschol, Boh doviedol Eliáša do Sarepty, kde zabezpečil, aby mu jedlo dodávala vdova.

Keď vdovin syn ochorel, postupne chradol, a nakoniec zomrel, Eliáš volal k Bohu v modlitbe: *"Pán, Boh môj, oživ, prosím, toto dieťa"* (1 Kr 17, 21)!

Boh vypočul Eliášovu modlitbu, priviedol chlapca späť k životu a dovolil mu žiť. Prostredníctvom tohto incidentu Boh dokázal, že Eliáš bol Božím mužom, a že Božie slovo v jeho ústach je pravdivé (1 Kr 17, 24).

Ľudia našej generácie žijú v čase, kedy neuveria v Boha, kým neuvidia zázračné znamenia a divy (Jn 4, 48). Aby sme dnes boli schopní svedčiť o živom Bohu, každý z nás musí byť vyzbrojený takým druhom viery ako Eliáš a smelo šíriť evanjelium.

V treťom roku proroctva, v ktorom Eliáš povedal Achábovi: *"Nebude po tieto roky ani rosy, ani dažďa, iba ak na moje slovo,"* povedal Boh jeho prorokovi: *"Choď sa ukázať*

Achábovi, lebo chcem zoslať na zem dážď" (1 Kr 18, 1). V Lk 4, 25 nájdeme: *„Za čias Eliáša, keď sa nebo na tri roky a šesť mesiacov zavrelo a v celej krajine nastal veľký hlad, bolo v Izraeli mnoho vdov."* Inými slovami, v Izraeli nepršalo tri a pol roka. Predtým, ako Eliáš predstúpil pred Achába druhýkrát, kráľ márne hľadal proroka aj v susedných krajinách, veriac, že Eliáš bol vinný za sucho, ktoré trvalo tri a pol roka.

Aj keby bol Eliáš vydaný na smrť vo chvíli, keď predstúpi pred Achába, odvážne poslúchol Božie slovo. Keď Eliáš stál pred Achábom, kráľ sa ho spýtal: „Ty si ten, čo vedie do nešťastia Izrael?" (1 Kr 18, 17) Na to mu Eliáš odpovedal: *„Nie ja, ale ty a tvoja rodina prinášate Izraelu nešťastie, lebo ste opustili príkazy Pána a pridržiavate sa baalov"* (1 Kr 18, 18). On odovzdal kráľovi Božiu vôľu a nikdy sa nebál. Eliáš pristúpil k Achábovi o krok bližšie a povedal mu: *„Teraz však zvolaj ku mne na vrch Karmel všetok Izrael a štyristopäťdesiat prorokov Baalových a štyristo prorokov Ašery, ktorí jedávajú zo stola Jezábel"* (1 Kr 18, 19).

Pretože Eliáš veľmi dobre vedel, že Izrael postihlo sucho v dôsledku modloslužobníctva jeho ľudu, snažil sa bojovať s 850 prorokmi modiel a vyhlásil: „Boh, ktorý odpovie ohňom - je pravý." Keďže Eliáš veril v Boha, prorok ukázal Bohu vieru, ktorou veril, že Boh mu odpovie v podobe ohňa.

Potom povedal Baalovým prorokom: *„Vyberte si jedného býčka, a keďže vás je väčšina, začnite prví. Potom vzývajte* *svojho boha, no oheň nezakladajte"* (1 Kr 18, 25). Keď Baalovi proroci nedostali žiadnu odpoveď vzývaním Baala od rána až do večera, Eliáš sa im posmieval.

Eliáš veril, že Boh mu odpovie ohňom, s radosťou nariadil Izraelitom postaviť oltár a poliať vodou obetu a drevo, a modlil sa k Bohu.

„Odpovedz mi, Pane, odpovedz, aby tento ľud spoznal, že ty, Pán, si Boh a znovu si získavaš ich srdce." (1 Kr 18, 37)

V tej chvíli spadol Pánov oheň a pohltil spaľovanú obetu aj drevo a kamene a prach, a vysušil vodu, ktorá bola v priekope. Keď to videl všetok ľud, padol na tvár; a vyznával: *„Pán je Boh; Pán je Boh"* (1 Kr 18, 38 - 39).

Toto všetko bolo možné preto, že Eliáš ani trochu nepochyboval, keď Boha prosil (Jak 1, 6) a veril, že už dostal, o čo v modlitbe prosil (Mk 11, 24).

Prečo Eliáš nariadil vodou poliať obetu, a potom sa modliť? Keďže sucho trvalo tri a pol roka, najvzácnejšou a najcennejšou zo všetkých potrieb v tej dobe bola voda. Naplnením štyroch veľkých nádob vodou, vyliatím vody na obetu a zopakovaním tohto postupu trikrát (1 Kr 18, 33 - 34), Eliáš ukázal Bohu jeho vieru a dal mu, čo bolo pre neho najcennejšie. Boh, ktorý miluje ochotného darcu (2 Kor 9, 7), Eliášovi nielen dovolil žať to, čo zasial, ale tiež dal prorokovi jeho odpoveď v podobe ohňa a dokázal všetkým Izraelitom, že ich Boh je skutočne živý.

Keď kráčame v Eliášových šľapajách a ukážeme Bohu našu vieru, dávame mu to, čo je pre nás najcennejšie a pripravujeme sa na prijatie jeho odpovede na naše modlitby, všetkým ľuďom môžeme svedčiť o živom Bohu jeho odpoveďami v podobe ohňa.

3. Eliáš privoláva mohutný lejak

Po dokázaní živého Boha Izraelitom skrze jeho odpoveď ohňom a vyvolanie pokánia u modloslužobníckych Izraelitov si Eliáš spomenul na prísahu, ktorú dal Achábovi: *„Akože žije Pán, Boh Izraela, ktorému slúžim, nebude po tieto roky ani rosy, ani dažďa, iba ak na moje slovo"* (1 Kr 17, 1). Povedal kráľovi: *„Vystúp hore, jedz a pi, lebo čujem hukot dažďa,"* (1 Kr 18, 42) a vyšiel až na vrchol Karmelu. Urobil tak, aby sa splnilo Božie slovo: „Chcem zoslať na zem dážď," a dostal jeho odpoveď.

Prostredníctvom tejto udalosti môžeme predpokladať, ako vrúcne Eliáš volal k Bohu celým jeho srdcom. Navyše, Eliáš sa neprestal modliť, až kým neuvidel Božiu odpoveď na vlastné oči. Prorok nariadil jeho sluhovi, aby uprel zrak na more a Eliáš sa modlil týmto spôsobom sedemkrát, až kým sluha neuvidel obláčik ako ľudská dlaň. Toto bolo viac než postačujúce na zapôsobenie na Boha a otrasenie jeho nebeským trónom. Keďže Eliáš privolal na zem dážď po tri a pol rokoch sucha, možno predpokladať, že jeho modlitba bola mimoriadne silná.

Keď Eliáš dostal Božiu odpoveď v podobe ohňa, perami

vyznal, že Boh bude pre neho pracovať, aj keď mu Boh o tom ešte nepovedal; urobil to isté, keď privolal na zem dážď. Keď zbadal obláčik ako ľudská dlaň, prorok Achábovi odkázal: *„Priahaj a zbehni dolu, aby ťa nezastihol dážď"* (1 Kr 18, 44). Pretože Eliáš mal vieru, ktorou mohol všetko potvrdiť aj jeho perami, aj keď ešte nemohol vidieť (Hebr 11, 1), Boh mohol pracovať podľa prorokovej viery, a dokonca podľa Eliášovej viery sa onedlho nebo zatiahlo mrakmi, zadul vietor a spustil sa mohutný lejak (1 Kr 18, 45).

Musíme veriť, že Boh, ktorý dal Eliášovi jeho odpoveď v podobe ohňa a dlhoočakávaný dážď po období sucha, ktoré trvalo tri roky a šesť mesiacov, je ten istý Boh, ktorý zaháňa naše skúšky a utrpenie, spĺňa túžby nášho srdca a dáva nám jeho úžasné požehnania.

Som si istý, že ste si už stačili uvedomiť, že na získanie Božej odpovede v podobe ohňa, vzdať mu slávu a mať splnené túžby srdca, musíte Bohu najprv ukázať druh viery, ktorou bude potešený, zničiť akýkoľvek múr hriechu, ktorý stojí medzi Bohom a vami, a bez pochybností ho prosiť o čokoľvek, po čom túžite.

Po druhé, s radosťou musíte Bohu postaviť oltár, prinášať mu obety a vrúcne sa modliť. Po tretie, perami musíte vyznávať, že Boh bude pre vás pracovať, až kým nedostanete jeho odpovede. Boh potom bude veľmi potešený a odpovie na vašu modlitbu, aby ste mu vzdali slávu pre upokojenie vášho srdca.

Náš Boh nám odpovedá, keď sa k nemu modlíme ohľadom našich problémov, duše, detí, zdravia, práce alebo akýchkoľvek iných záležitostí a dostáva od nás slávu. Majme tiež takú dokonalú vieru ako Eliáš, modlime sa, až kým nedostaneme Božie odpovede a staňme sa jeho požehnanými deťmi, ktoré vždy vzdávajú slávu nášmu Otcovi!

Kapitola 7

Ako splniť túžby nášho srdca

Raduj sa v Pánovi a dá ti, po čom túži tvoje srdce.

(Ž 37, 4)

Mnoho ľudí sa dnes snaží získať od všemohúceho Boha odpovede na množstvo problémov. Horlivo sa modlia, postia sa a celú noc trávia bdením v modlitbe, aby získali uzdravenie, znova vybudovali ich skrachovaný podnik, rodili deti a dostali materiálne požehnanie. Bohužiaľ, existuje viac takých ľudí, ktorí nie sú schopní dostať Božie odpovede a vzdať mu slávu, ako tých, ktorí to dokážu.

Keď mesiac alebo dva nedostávajú od Boha odpoveď, títo ľudia sa stávajú unavení, hovoriac: „Boh neexistuje," úplne sa odvrátia od Boha a začnú uctievať modly, čím poškodzujú jeho meno. Ak človek chodí do kostola, ale nedokáže dostať Božiu moc a vzdať mu slávu, ako by to mohla byť „pravá viera"?

Ak človek vyhlasuje, že skutočne verí v Boha, potom ako jeho dieťa musí byť schopný mať splnené túžby jeho srdca a aj všetko, čo sa snaží dosiahnuť počas života na tomto svete. Ale mnohí nedokážu mať splnené túžby ich srdca, aj keď vyhlasujú, že veria. Je to preto, že to sami nevedia. Na základe verša, na ktorom je založená táto kapitola, poďme preskúmať spôsoby, akými by sme mohli dosiahnuť splnenie túžob nášho srdca.

1. Po prvé, človek si musí skontrolovať srdce

Každý človek sa musí obzrieť a zistiť, či skutočne verí vo všemohúceho Boha alebo verí len polovičato s pochybnosťami, alebo má prefíkané srdce, ktoré hľadá len nejaký druh náhody. Pred spoznaním Ježiša Krista väčšina ľudí trávi život buď uctievaním modiel, alebo vierou len v seba samých. V čase veľkej skúšky alebo utrpenia potom, čo si uvedomia, že nešťastia, ktorým čelia, nemôžu byť vyriešené mocou človeka alebo ich modiel, blúdia po svete, na ceste sa dozvedia, že Boh môže vyriešiť ich problémy, a nakoniec prídu pred neho.

Namiesto upierania ich očí na Boha moci, ľudia tohto sveta len pochybovačne premýšľajú: „Odpovie mi, ak ho budem prosiť?" alebo „Možno modlitba vyrieši moju krízu." Ale všemohúci Boh riadi históriu ľudstva, ako aj ľudský život, smrť, prekliatie a požehnanie, oživuje mŕtvych a skúma srdce človeka, a tak neodpovedá človeku s pochybujúcim srdcom (Jak 1, 6 - 8).

Ak sa niekto skutočne snaží mať splnené túžby srdca, najprv musí odhodiť jeho pochybnosti a srdce hľadajúce náhodu a veriť, že už dostal všetko, o čo všemohúceho Boha v modlitbe prosí. Až potom mu Boh bude môcť dať jeho lásku a dovolí, aby boli túžby jeho srdca splnené.

2. Po druhé, musí byť preskúmaná istota spasenia a stav viery človeka

V dnešnej cirkvi mnoho veriacich podlieha problémom v ich viere. Je veľmi srdcervúce vidieť prekvapivo veľký počet ľudí, ktorí duchovne blúdia, tých, ktorí nevidia v dôsledku ich duchovnej arogancie, že ich viera sa uberá zlým smerom, a takých, ktorí nemajú istotu spasenia ani po mnohých rokoch života v Kristovi a služby pre neho.

Rim 10, 10 nám hovorí: *„Lebo srdcom veríme v spravodlivosť, ale ústami vyznávame spásu."* Keď otvoríte dvere vášho srdca a prijmete Ježiša Krista za svojho Spasiteľa, milosťou Ducha Svätého, ktorý na vás zhora zostúpi, dostanete autoritu Božieho dieťaťa. Navyše, keď perami vyznáte, že Ježiš Kristus je váš Spasiteľ a z hĺbky srdca veríte, že Boh vzkriesil Ježiša z mŕtvych, budete mať istotu spásy.

Ak neviete s istotou, či ste získali spásu, je tu problém so stavom vašej viery. Je to preto, že ak vám chýba istota toho, že Boh je vaším Otcom a vy ste už získali nebeské občianstvo a stali sa jeho dieťaťom, nemôžete žiť podľa Otcovej vôle.

Z tohto dôvodu nám Ježiš hovorí: *„Nie každý, kto mi hovorí: „Pane, Pane!" vojde do nebeského kráľovstva, ale iba ten, kto plní vôľu môjho Otca, ktorý je v nebesiach"* (Mt 7, 21). Ak daný človek ešte nedosiahol vzťah „Boh Otec - syn (alebo dcéra)," je len prirodzené, že človek ešte nedostáva jeho odpovede. Aj v prípade, že tento vzťah už ma určitú podobu, ale v Božích očiach je v srdci človeka niečo nesprávne, Božie odpovede nemôže dostať.

Preto, keď sa stanete Božím dieťaťom, ktoré má istotu spasenia a konáte pokánie z nežitia podľa Božej vôle, on vyrieši každý z vašich problémov, vrátane ochorenia, skrachovania podniku a finančných ťažkostí a vo všetkom pracuje pre vaše dobro.

Ak hľadáte Boha kvôli problému s dieťaťom, Boh vám pomôže slovom pravdy zistiť prípadné problémy a záležitosti, ktoré existujú medzi vami a vaším dieťaťom. Niekedy sú na vine deti; ale častejšie sú to rodiča, ktorí sú zodpovední za problémy s ich deťmi. Predtým, ako začnú ukazovať prstom, ak sa rodiča ako prví odvrátia od ich mylných ciest a konajú z toho pokánie, snažia sa správne vychovávať svoje deti a všetko odovzdať Bohu, Boh im dá múdrosť a pracuje pre dobro rodičov aj ich detí.

Preto, ak prídete do kostola a hľadáte odpovede na problémy s vašimi deťmi, chorobou, financiami, a podobne, namiesto urýchleného pôstu, modlitby alebo zotrvania v modlitbe celú noc, musíte najprv pravdou zistiť, čo zanieslo kanál medzi vami a Bohom, konať pokánie a obrátiť sa. Boh bude potom pracovať pre vaše dobro, pretože budete vedení Duchom Svätým. Ak sa ani nepokúsite to pochopiť, počuť Božie slovo alebo žiť podľa neho, vaša modlitba vám neprinesie Božie odpovede.

Keďže existuje mnoho prípadov, kedy ľudia nedokážu úplne pochopiť pravdu a nepodarí sa im získať Božie odpovede a požehnanie, všetci z nás musia mať splnené túžby srdca získaním istoty spásy a životom podľa Božej vôle (Dt 28, 1 - 14).

3. Po tretie, musíte potešovať Boha vašimi skutkami

Ak niekto uznáva Boha Stvoriteľa a prijme Ježiša Krista za svojho Spasiteľa, do akej miery sa dozvie pravdu a stane sa osvieteným, do tej miery sa bude jeho duši dariť. Okrem toho, keď pokračuje v objavovaní Božieho srdca, môže viesť život spôsobom, ktorý sa páči Bohu. Zatiaľ čo dvoj alebo trojročné batoľatá nepoznajú ešte spôsoby, akými by potešili rodičov, v ich dospievaní a v dospelosti sa naučia, ako im spôsobiť radosť. Z rovnakého dôvodu, čím viac Božie deti chápu pravdu a podľa nej žijú, tým viac potešujú svojho Otca.

Znovu a znovu nám Biblia hovorí o spôsoboch potešujúcich Boha, ktorými naši predkovia viery dostali odpovede na ich modlitby. Ako potešil Boha Abrahám?

Abrahám sa vždy snažil o pokoj a svätosť (Gn 13, 9), slúžil Bohu celým jeho telom, srdcom a mysľou (Gn 18, 1 - 10) a úplne Boha poslúchol bez akýchkoľvek vlastných myšlienok (Hebr 11, 19; Gn 22, 12), pretože veril, že Boh dokáže vzkriesiť mŕtvych. Ako výsledok, Abrahám dostal požehnanie Jehovah-jireh alebo „Pán sa postará", požehnanie detí, finančné požehnanie, požehnanie dobrého zdravia, a podobne, a požehnanie vo všetkom (Gn 22, 16 - 18; 24, 1).

Čo urobil Noe, aby dostal Božie požehnanie? Bol spravodlivým a bezúhonným človekom spomedzi ľudí jeho generácie a chodil s Bohom (Gn 6, 9). Keď rozsudok potopy doľahol na celý svet, len Noe a jeho rodina sa mohli vyhnúť rozsudku a byť spasení. Pretože Noe chodil s Bohom, počul Boží hlas a pripravil archu, a tak doviedol aj vlastnú rodinu k spáse.

Keď vdova zo Sarepty v 1 Kr 17, 8 - 16 zasadila semienko viery v Božom služobníkovi Eliášovi v priebehu sucha v Izraeli, ktoré trvalo tri a pol roka, získala mimoriadne požehnanie. Keď poslúchla vo viere a slúžila Eliášovi chlebom upečeným len z hŕstky múky v miske a trochou oleja v krčahu, Boh ju požehnal a splnil jeho prorocké slovo, ktoré hovorí: *„Múky v hrnci neubudne ani nádoba s olejom sa nevyprázdni, kým Pán nezošle na zem dážď."*

Pretože žena zo Šuném v 2 Kr 4, 8 - 17 slúžila Božiemu služobníkovi Elizeovi s najvyššou mierou starostlivosti a úcty a starala sa o neho, dostala požehnanie narodenia syna. Žena slúžila Božiemu služobníkovi nie preto, že chcela niečo na oplátku, ale preto, že úprimne z celého srdca milovala Boha. Nedáva, vari, zmysel, aby táto žena dostala Božie požehnanie?

Je tiež ľahké povedať, že Boh musel byť dokonale potešený vierou Daniela a jeho troch priateľov. Aj napriek tomu, že bol Daniel hodený do levovej jamy za to, že sa modlil k Bohu, vyšiel z jamy bez zranení, pretože veril Bohu (Dan 6, 16 - 23). Aj keď boli Danielovi traja priatelia spútaní a hodení do rozpálenej pece za to, že neuctievali modlu, vzdali Bohu slávu po vyjdení z pece bez toho, aby bola nejaká časť ich tela spálená alebo aspoň popálená (Dan 3, 19 - 26).

Stotník v Mt 8 sa zapáčil Bohu veľkou vierou a na základe jeho viery dostal Božiu odpoveď. Keď povedal Ježišovi, že jeho služobník bol ochrnutý a v hroznom utrpení, Ježiš navrhol, že navštívi stotníkov dom a jeho sluhu uzdraví. Ale keď stotník

Ježišovi povedal: *"Povedz iba slovo a môj sluha ozdravie"* a ukázal jeho veľkú vieru a veľkú lásku k jeho sluhovi, Ježiš ho pochválil: *"Nenašiel som takú vieru u nikoho v Izraeli."* Pretože človek dostáva Božiu odpoveď podľa miery jeho viery, stotníkov sluha bol v tej chvíli uzdravený. Aleluja!

Je tu viac takých prípadov. V Mk 5, 25 - 34 vidíme vieru ženy, ktorá 12 rokov trpela krvotokom. Napriek starostlivosti mnohých lekárov a minutých peňazí, jej stav sa stále iba zhoršoval. Keď počula správy o Ježišovi, žena verila, že by mohla byť uzdravená už len dotykom jeho plášťa. Keď prišla za Ježišom a dotkla sa jeho plášťa, žena v tej chvíli bola uzdravená.

Aké srdce mal stotník menom Kornélius v Sk 10, 1 - 8, a akým spôsobom slúžil on - pohan - Bohu, že celá jeho rodina získala spásu? Zistíme, že Kornélius a celá jeho rodina boli zbožní a bohabojní; a veľkoryso dávali dary ľuďom v núdzi a modlili sa pravidelne k Bohu. Preto Kornéliove modlitby a dary chudobným vystúpili k Bohu ako pamätné obete, a keď Peter navštívil jeho dom na uctievanie Boha, celá Kornéliova rodina dostala dar Ducha Svätého a všetci začali hovoriť v jazykoch.

V Sk 9, 36 - 42 nájdeme ženu menom Tabita (v preklade Dorcas), ktorá vždy konala dobro a pomáhala chudobným, ale ochorela a zomrela. Keď na naliehanie učeníkov Peter prišiel, pokľakol na kolená a modlil sa, Tabita ožila.

Keď deti plnia svoje povinnosti a potešujú ich Otca, živý Boh splní túžby ich srdca a vo všetkom pracuje pre ich dobro. Ak v toto skutočne uveríme, počas celého nášho života budeme vždy dostávať Božie odpovede.

Prostredníctvom konzultácií alebo rozhovorov občas počujem o ľuďoch, ktorí mali kedysi veľkú vieru, slúžili v kostole a boli verní, ale po období skúšok a utrpenia opustili Boha. Ľudská neschopnosť duchovného rozlišovania mi zakaždým zlomí srdce.

Ak ľudia majú pravú vieru, neopustia Boha, ani keď im cestu skríži skúška. Ak majú duchovnú vieru, budú radostní, vďační a budú sa modliť dokonca aj v časoch skúšok a utrpenia. Nezradia Boha, nebudú v pokušení ani mu neprestanú veriť. Niekedy ľudia môžu byť verní v nádeji na získanie požehnania alebo byť inými uznaní. Ale modlitba viery a modlitba plná nádejí na náhodu môžu byť ľahko odlíšené ich výsledkami. Ak sa človek modlí duchovnou vierou, jeho modlitba bude celkom iste sprevádzaná skutkami, ktoré sú príjemné Bohu a bude vzdávať Bohu veľkú slávu splnením túžob jeho srdca.

S Bibliou ako naším sprievodcom sme preskúmali, ako naši predkovia viery ukázali ich vieru Bohu, a s akým druhom srdca ho dokázali potešiť a mať splnené túžby ich srdca. Lebo Boh žehná, ako prisľúbil, všetci tí, ktorí ho potešujú – potešil ho spôsob, akým bola oživená Tabita, potešil ho spôsob, akým bola bezdetná žena zo Šuném požehnaná synom a potešil ho spôsob, akým bola žena zbavená 12-ročného krvácania – by mali veriť a upriamiť oči na neho.

Boh nám hovorí: *„Ak môžeš?! Pre toho, kto verí, je všetko možné"* (Mk 9, 23). Keď veríme, že on môže vyriešiť všetky naše problémy, úplne mu odovzdajme všetky problémy týkajúce sa našej viery, choroby, detí a financií a spoliehajme sa na neho a on sa iste o všetko pre nás postará (Ž 37, 5).

V mene Ježiša Krista sa modlím, aby každý z vás potešovaním Boha, ktorý neklame, ale vykonáva to, čo sľúbil, mal splnené túžby srdca, vzdal veľkú slávu Bohu a viedol požehnaný život!

Autor:
Dr. Jaerock Lee

Dr Jaerock Lee sa narodil v roku 1943 v Muane v Jeonnamskej provincii v Kórejskej republike. V jeho dvadsiatich rokoch sedem rokov trpel mnohými nevyliečiteľnými chorobami a bez nádeje na uzdravenie čakal na smrť. Jedného dňa na jar v roku 1974 ho sestra vzala do kostola, a keď pokľakol k modlitbe, živý Boh ho ihneď uzdravil zo všetkých chorôb.

Odkedy Dr Lee stretol živého Boha prostredníctvom tejto úžasnej skúsenosti, celým svojím srdcom úprimne miluje Boha. V roku 1978 bol povolaný, aby sa stal Božím služobníkom. Vrúcne sa modlil, aby mohol jasne pochopiť Božiu vôľu, úplne ju splniť a dodržiavať celé Božie slovo. V roku 1982 založil Manminskú centrálnu cirkev v Soule v Kórei. V jeho cirkvi sa uskutočňuje nespočetné množstvo Božích skutkov, vrátane zázračných uzdravení a zázrakov.

V roku 1986 bol Dr Lee vysvätený za pastora na výročnom zhromaždení Ježišovej Sungkyulskej cirkvi v Kórei a o štyri roky neskôr, v roku 1990, začali vysielať jeho kázne v Austrálii, v Rusku, na Filipínach a v mnohých ďalších krajinách prostredníctvom rozhlasových staníc Far East Broadcasting Company, Asia Broadcast Station a Washington Christian Radio System.

O tri roky neskôr, v roku 1993, bola Manminská centrálna cirkev vybraná kresťanským časopisom Christian World (USA) za jednu z „50 najlepších svetových cirkví" a z univerzity Christian Faith College na Floride v USA dostal Dr. Lee čestný doktorát bohoslovia. V roku 1996 na teologickom seminári Kingsway Theological Seminary in Iowa v USA dosiahol PhD. v Službe.

Od roku 1993 Dr Lee vedie svetovú evanjelizáciu prostredníctvom mnohých zahraničných výprav do Tanzánie, Argentíny, Baltimore City, Los Angeles, na Hawaj, do New Yorku v USA, Ugandy, Japonska, Pakistanu, Kene, na Filipíny, Hondurasu, do Indie, Ruska, Nemecka, Peru, Demokratickej republiky Kongo, Izraela a do Estónska.

V roku 2002 bol hlavnými kresťanskými novinami Christian newspapers v Kórei nazvaný „celosvetovým pastorom" kvôli jeho práci na rôznych zámorských výpravách. Zvlášť jeho výprava do New Yorku v roku 2006, ktorá sa konala na námestí Madison Square Garden, najväčšej svetoznámej aréne, bola vysielaná 220 národom, a jeho výprava do Izraela v roku 2009, ktorá sa konala v Medzinárodnom kongresovom centre (ICC) v Jeruzaleme, kedy smelo vyhlásil, že Ježiš Kristus je Mesiáš a Spasiteľ.

Jeho kázne sú vysielané do 176 krajín pomocou satelitov, vrátane GCN TV. V roku 2009 a 2010 bol populárnym ruským kresťanským časopisom In Victory a spravodajskou agentúrou Christian Telegraph zaradený medzi „desiatich najvplyvnejších kresťanských vodcov" pre jeho presvedčujúcu cirkevnú službu prostedníctvom televízneho vysielania a jeho cirkevné pôsobenie v zahraničí.

Od mája 2013 má Manminská centrálna cirkev kongregáciu s viac ako 120 000 členmi. Má 10 000 filiálok po celom svete, vrátane 56 domácich filiálok a viac ako 129 misionárov bolo poslaných do 23 krajín, vrátane Spojených štátov amerických, Ruska, Nemecka, Kanady, Japonska, Číny, Francúzska, Indie, Kene a mnoho ďalších krajín.

K dátumu tohto uverejnenia je Dr. Lee autorom 85 kníh, vrátane bestsellerov Ochutnať večný život pred smrťou, Môj život Moja Viera I & II, Posolstvo kríža, Miera viery, Nebo I & II, Peklo, Prebuď sa, Izrael! a Božia moc. Jeho diela sú preložené do viac ako 75 jazykov.

Jeho kresťanský stĺpec je vydávaný v časopisoch The Hankook Ilbo, The JoongAng Daily, The Chosun Ilbo, The Dong-A Ilbo, The Munhwa Ilbo, The Seoul Shinmun, The Kyunghyang Shinmun, The Korea Economic Daily, The Korea Herald, The Shisa News a The Christian Press.

Dr Lee je v súčasnej dobe vedúcou osobnosťou mnohých misijných organizácií a združení: Pozície, ktoré zastáva sú: predseda spoločnosti The United Holiness Church of Jesus Christ; prezident spoločnosti Manmin World Mission; permanentný prezident spoločnosti The World Christianity Revival Mission Association; zakladateľ & predseda komisie spoločnosti Global Christian Network (GCN); zakladateľ & predseda komisie spoločnosti World Christian Doctors Network (WCDN); a zakladateľ & predseda komisie spoločnosti Manmin International Seminary (MIS).

Ďalšie silné knihy od rovnakého autora

Nebo I & II

Podrobný nákres nádherného životného prostredia, z ktorého sa tešia nebeskí príslušníci a krásny popis rôznych úrovní nebeského kráľovstva.

Posolstvo kríža

Úžasné posolstvo prebudenia pre všetkých ľudí, ktorí sú duchovne spiaci! V tejto knihe nájdete dôvod, prečo je Ježiš jediný Spasiteľ a naozajstnú lásku Boha.

Peklo

Úprimné posolstvo Boha celému ľudstvu, ktorý chce, aby ani jedna duša nepadla do hlbín pekla! Objavíte nikdy predtým neodhalený opis krutej reality Dolného podsvetia a pekla.

Duch, Duša a Telo I & II

Sprievodca, ktorý nám dáva duchovné porozumenie ducha, duše a tela a pomáha nám zistiť druh nášho „ja", aby sme mohli získať moc poraziť temnotu a stať sa duchovným človekom.

Miera Viery

Čo je to za príbytok, vence a odmeny, ktoré sú pre vás pripravené v nebi? Táto kniha poskytuje múdre pokyny pre vás o tom, ako merať vieru a dosiahnuť tú najlepšiu a najzrelšiu vieru.

Prebuď sa, Izrael

Prečo Boh dohliadal na Izrael od začiatku sveta až dodnes? Aká Božia prozreteľnosť bola pripravená na posledné dni pre Izrael, ktorý čaká na Mesiáša?

Môj Život Moja Viera I & II

Najvoňavejšia duchovná vôňa získaná zo života, ktorý kvitol s neporovnateľnou láskou k Bohu, uprostred temných vĺn, studeného jarma a najhlbšieho zúfalstva.

Božia moc

Musíte si prečítať túto knihu, ktorá slúži ako základný sprievodca na získanie pravej viery a okúsenie úžasnej Božej moci.

www.urimbooks.com

www.ingramcontent.com/pod-product-compliance
Lightning Source LLC
LaVergne TN
LVHW051957060526
838201LV00059B/3688